电商企业

全流程财税处理

（会计核算＋政策解析＋报表分析）

会计真账实操训练营◎编著

中国铁道出版社有限公司

CHINA RAILWAY PUBLISHING HOUSE CO., LTD.

北 京

图书在版编目(CIP)数据

电商企业全流程财税处理:会计核算＋政策解析＋报表
分析/会计真账实操训练营编著.—北京:中国铁道出版社
有限公司,2024.1(2025.10重印)
ISBN 978-7-113-30664-9

Ⅰ.①电… Ⅱ.①会… Ⅲ.①电子商务－商业企业管
理－财务管理②电子商务－商业企业管理－税收管理
Ⅳ.①F713.36

中国国家版本馆CIP数据核字(2023)第206301号

书　　名:电商企业全流程财税处理(会计核算＋政策解析＋报表分析)
　　　　　DIANSHANG QIYE QUANLIUCHENG CAISHUI CHULI(KUAIJI HESUAN＋
　　　　　ZHENGCE JIEXI＋BAOBIAO FENXI)
作　　者:会计真账实操训练营

责任编辑:王淑艳　　　编辑部电话:(010)51873022　　　电子邮箱:554890432@qq.com
封面设计:末末美书
责任校对:苗　丹
责任印制:赵星辰

出版发行:中国铁道出版社有限公司 (100054,北京市西城区右安门西街8号)
网　　址:https://www.tdpress.com
印　　刷:三河市宏盛印务有限公司
版　　次:2024年1月第1版　2025年10月第3次印刷
开　　本:710 mm×1 000 mm 1/16　印张:12.25　字数:200千
书　　号:ISBN 978-7-113-30664-9
定　　价:69.80元

前　言

要想做一名业务型的会计，首先要熟悉电商企业经营流程，其次才是会计日常账务处理，最后是根据财务资料进行分析，为企业经营决策提供依据。

电商企业是利用互联网进行商品贸易，将传统的商务流程电子化、数字化。电商会计与传统会计在核算上存在明显的差异：一是货款通过第三方支付平台结算，如通过支付宝、微信等，而不是通过银行账户之间转移；二是收入与成本确认是电商企业的难点；三是交易模式复杂，造成会计处理困难；四是发票管理较传统企业更复杂，电商企业需要向平台申请开票；五是线上推广形式多样，催生种类繁多的营销工具，相应的会计核算也有变化。

因此，财务人员应熟悉电商企业的运营特点，处理各平台的业务往来对接账目，统计线下客户及快递往来账目情况；做好企业 ERP（enterprise resource planning）进销存数据核对、处理、分析与录入，确保财务数据准确性；跟进第三方支付工具的资金流审核、提现、充值等；编制日常业务报表及月、季、年度财务报表编制，整理进行各种维度的分析数据。

本书根据会计核算的需要，将电商企业分为入驻平台电商、平台电商、渠道自建电商，详细介绍收入与成本的核算、费用的核算、资产的核算、税费核算、日常报表分析等内容。另外，还增加跨境电商进出口税收政策、进出口模式及业务处理。

本书具有以下特色：

◆ 突出流程。根据电商企业会计核算特点，突出电商企业经营流程，具体详解不同交易类型会计处理，实现从"零"到"一"的飞跃。

◆ 实操性强。针对具体业务进行会计账务处理，根据日常业务逐笔编制会计分录，使读者正确应用会计科目，处理企业日常业务。

◆ 图文并茂。本书以大量的案例展现电商企业经营业务，尽量用图、表形式呈现，易于阅读。

本书适合会计专业的学生、会计人员、税务人员以及打算从事会计工作的非财务专业的读者学习。

虽然我们力求完美，但由于电商企业并没有本行业核算的会计制度，层出不穷的营销工具与促销方式非常复杂，账务处理虽然依据《企业会计制度》《企业会计准则》编写，但一些会计处理并不完善，难免存在着一些不足和遗憾，希望广大读者多提宝贵意见。

编　者

目　录

i

第3章 入驻平台电商费用的核算

第4章 入驻平台电商不同促销方式的会计核算

第5章 平台电商与渠道自建电商企业的财税处理

第6章 跨境电商进出口业务会计处理

第7章　固定资产与无形资产的核算

第8章　电商企业应交税费的核算

第9章　电商企业财务报表编制与分析

参考文献

第1章
电子商务与电商会计

电商会计与传统行业会计在业务上存在较大差异。《中华人民共和国电子商务法》对电子商务与电子商务经营者有明确解释，对电商企业市场主体登记也做出具体规定。

1.1　电子商务

电子商务，是指通过互联网等信息网络销售商品或者提供服务的经营活动。电子商务经营者，是指通过互联网等信息网络从事销售商品或者提供服务的经营活动的自然人、法人和非法人组织，包括平台内经营者、电子商务平台经营者，以及通过自建网站、其他网络服务销售商品或者提供服务的电子商务经营者。本书将平台内经营者称为入驻平台电商，即通过入驻平台购买销售渠道并在线上实现销售的企业，如京东入驻商户、淘宝卖家等；电子商务平台经营者称为平台电商，即电商企业并非产品或服务销售合同的购销主体，而仅围绕促成购销交易提供各类辅助服务，如淘宝、滴滴出行等；通过自建网站、其他网络服务销售商品或者提供服务的电子商务经营者称为渠道自建电商，即自行建立网站并基于该网站实现销售的企业，既包括传统产品或服务的销售，如京东自营等，也包括基于互联网技术开发销售的新型产品或服务，如视频网站、在线教育等。以上三种形式的电子商务经营者，统称为电商企业。

1.1.1　电子商务的类型

电子商务是基于浏览器（服务器）的应用方式，实现消费者的网上购物、商户之间的网上交易和在线电子支付的一种新型的商业运营模式。电子商务的主要种类型包括：B2C、B2B、C2C、C2B、O2O 等。

1. B2C

B2C（business to customer，简称 B2C）是指企业与消费者之间的电子商务。消费者利用互联网直接参与贸易的形式，类同于商业电子化的零售商务。这是目前最常见的交易模式，节省客户与企业的时间和空间，大大提高了交易效率，节省宝贵的时间。B2C 模式典型的企业有京东商城、一号店、苏宁易购等。

2. B2B

B2B（business to business，简称 B2B）是指企业与企业之间的电子商务。B2B 方式是电子商务应用最多和最受企业重视的形式，企业可以使用 Internet 或其他网络对每笔交易寻找最佳合作伙伴，完成从采购到结算的全部交易。B2B 模式典型的企业有阿里巴巴、马可波罗网、慧聪网等。

3. C2C

C2C（consumer to consumer ，简称 C2C）是指消费者与消费者之间的电子商务。C2C 商务平台就是通过为买卖双方提供一个在线交易平台，使卖方可以主动提供商品上网拍卖，而买方可以自行选择商品进行竞价。C2C 模式典型的企业有闲鱼、百度 C2C 等。

4. C2B

C2B（customer to business，简称 C2B）是电子商务模式的一种，通过聚合为数庞大的用户形成一个强大的采购集团，以此来改变 B2C 模式中用户一对一出价的弱势地位，使之享受到以大批发商的价格购买单件商品的利益。C2B 模式典型的企业有中国制造网等。

5. O2O

O2O（online to offline，简称 O2O）是指将线下的商务机会与互联网结合，让互联网成为线下交易的平台。目的是把线上的消费者带到现实的商店中去，让用户在线支付购买线下商品和服务后，到线下享受服务。O2O 分为四种运营模式：一是 online to offline（线上交易到线下消费体验）；二是 offline to online（线下营销到线上交易）；三是 offline to online to offline（线下营销到线上交易再到线下消费体验）；四是 online to offline to online（线上营销到线下消费体验再到线上交易）。

1.1.2　电商企业市场主体登记与经营规定

1. 办理市场主体登记和税务登记

《中华人民共和国电子商务法》（2018 年 8 月 31 日第十三届全国人民代表大会常务委员会第五次会议通过）第十条规定，"电子商务经营者应当依法办理市场主体登记。但是，个人销售自产农副产品、家庭手工业产品，个人利用自己的技能从事依法无须取得许可的便民劳务活动和零星小额交易活动，以及依照法律、行政法规不需要进行登记的除外。"电子商务经营者应当依法履行纳税义务，并依法享受税收优惠。

电子商务平台经营者应当按照规定向市场监督管理部门报送平台内经营者的身份信息，提示未办理市场主体登记的经营者依法办理登记，并配合市场监督管理部门，针对电子商务的特点，为应当办理市场主体登记的经营者办理登记提供便利。

另外，《网络交易监督管理办法》（国家市场监督管理总局令第 37 号）第二十五条规定，"网络交易平台经营者应当依照法律、行政法规的规定，向市场监督管理部门报送有关信息。

网络交易平台经营者应当分别于每年 1 月和 7 月向住所地省级市场监督管理部门报送平台内经营者的下列身份信息：

（一）已办理市场主体登记的平台内经营者的名称（姓名）、统一社会信用代码、实际经营地址、联系方式、网店名称以及网址链接等信息；

（二）未办理市场主体登记的平台内经营者的姓名、身份证件号码、实际经营地址、联系方式、网店名称以及网址链接、属于依法不需要办理市场主体登记的具体情形的自我声明等信息；其中，对超过本办法第八条第三款规定额度的平台内经营者进行特别标示。鼓励网络交易平台经营者与市场监督管理部门建立开放数据接口等形式的自动化信息报送机制。"

2. 经营规范

《网络交易监督管理办法》（国家市场监督管理总局令第 37 号）规定：

"**第十二条**　网络交易经营者应当在其网站首页或者从事经营活动的主页面显著位置，持续公示经营者主体信息或者该信息的链接标识。鼓励网络交易经营者链接到国家市场监督管理总局电子营业执照亮照系统，公示其营业执照信息。已经办理市场主体登记的网络交易经营者应当如实公示下列营业执照信息以及与其经营业务有关的行政许可等信息，或者该信息的链接标识：

（一）企业应当公示其营业执照登载的统一社会信用代码、名称、企业类型、法定代表人（负责人）、住所、注册资本（出资额）等信息；

（二）个体工商户应当公示其营业执照登载的统一社会信用代码、名称、经营者姓名、经营场所、组成形式等信息；

（三）农民专业合作社、农民专业合作社联合社应当公示其营业执照登载的统一社会信用代码、名称、法定代表人、住所、成员出资总额等信息。

…………

第二十六条　网络交易平台经营者应当为平台内经营者依法履行信息公示义务提供技术支持。平台内经营者公示的信息发生变更的，应当在三个工作日内将变更情况报送平台，平台应当在七个工作日内进行核验，完成更新公示。

第二十七条　网络交易平台经营者应当以显著方式区分标记已办理市场主体登记的经营者和未办理市场主体登记的经营者，确保消费者能够清晰辨认。

…………

第三十一条　网络交易平台经营者对平台内经营者身份信息的保存时间自其退出平台之日起不少于三年；对商品或者服务信息，支付记录、物流快递、退换货以及售后等交易信息的保存时间自交易完成之日起不少于三年。法律、行政法规另有规定的，依照其规定。"

1.1.3　如何在电商平台注册开店

以淘宝为例，淘宝是亚太地区较大的网络零售、商圈，由阿里巴巴集团在 2003 年 5 月创立。入驻简单，企业和个人都可以入驻。

1. 企业如何在淘宝注册账号

（1）首先需要登录淘宝官方网站，然后单击页面左上角的【免费注册】，进入注册账号页面。

（2）同意淘宝账号注册协议，并单击下方的【切换成企业账户注册】，填写电子邮箱账号，并拖动滑块，使用注册的邮件登录并在收信箱当中查看注册验证，并根据内容填写完成注册。

2. 企业支付宝如何绑定淘宝

（1）打开支付宝官方网站，登录刚刚注册的企业账号，然后对账户绑定，设置登录密码和支付宝密码。

（2）完成以后单击【企业实名信息填写】，并选择企业类型和填写企业信息资料上传营业执照和法定代表人身份证正反面完成绑定。

（3）在审核完成以后，还需要填写企业对公的银行账号，并进行验证，验证完成以后即可成功绑定企业支付宝账号。

3. 如何注册店铺

（1）返回淘宝官方网站当中，单击页面右上角的【千牛电商企业中心】→【免费开店】→【企业入驻】。

（2）输入自己店铺的名称，并使用手机淘宝或者千牛 App 对页面中的二维码进行扫描，移动端需要使用同一账号进行登录，若是法定代表人进行实人认证则只需要通过人像认证即可，非法定代表人则需要人脸和上传身份证的正反面。

（3）认证完成以后刷新电脑（PC）端开店界面，并单击"同意协议，0元免费开店"即可完成店铺的注册。

4. 淘宝商城的收费

（1）消费者保障金。不同类目缴纳的保险金是不一样，一般类目是 1 000 元，特殊类目保障金为 5 000 至 50 000 元。消费者保障金是为了防止店家在淘宝有欺诈等违规行为。

（2）技术服务年费：商户需在入驻时一次性缴纳 6 000 元/年。

（3）旺铺版本费用，按淘宝规定，旺铺基础版永久免费，但装修限制很多；旺铺专业版、旺铺智能版按月收费，每月费用一般在 50 元至 99 元。

（4）店铺营销费用，包括打折促销工具、淘宝详情页展示等，按转化率收取费用。

（5）视频费，将产品视频加到宝贝描述页面，按视频个数收费。

（6）数据分析工具，常用的是"生意参谋"，有免费与收费的项目。

（7）其他的费用，比如快递费等。

1.1.4　电商企业会计事项的处理

电商企业会计事项如下：

（1）应付账款的确认。应付账款主要是指采购货款，一般按对账函确认，同时注意采购入库金额与对账单相符，具体方法与传统会计处理相同。

应收账款的确认，主要是指"电商企业已发货，等待买家确认"的订单销售金额。月末，有两种方法验证金额：

①店铺后台的订单状态，在店铺后的销售报表里，按订单状态进行统计，并考虑在途中的订单金额。

订单编号	返点积分	买家实际支付	订单状态	订单付款时间
218890	0	398.78	卖家已发货，等待买家确认	2023.01.09
218891	0	128.09	卖家已发货，等待买家确认	2023.01.09
218892	0	68.98	卖家已发货，等待买家确认	2023.01.09

②结算后台应收账款金额，如支付宝→交易订单→待收款金额→待确认收货。

注意：按"发货确认制"确认收入，记入"应收账款"科目；按"收货确认制"确认收入，记入"发出商品"。

（2）其他费用支出，主要包括各种其他应付未付的款项，零星待付费用款等。

（3）报税：电商企业报税与传统行业相同。

（4）推广费用取数。在"账房→账户查询"内，下载直通车、钻展、麻吉宝"月汇总"，据此确认消费金额与余额，编制相关的分录。

（注意：与直通车后台有时间差）

（5）报表。电商企业报表分为基本报表和常规报表，基本报表包括资产负债表、利润表、现金流量表；常规报表包括基本经营成果表、期间费用分析表、单店利润表、单品利润表、纳税明细表等。

（6）盘点存货。月末核对库存商品余额，检查与 ERP 记录是否相符。存货盘点根据库存周期分为定期盘点和不定期盘点。定期盘点包括年度、季度和月度盘点、日常盘点和交接班盘点。不定期盘点是指在调整价格、改变销售方式、调动人员、发生事故、清理仓库等情况下，进行的临时盘点。

（7）计提费用，包括：

①计提工资；②计提快递费，按当月实际发货包裹计算当月快递费，不可按当月付款金额计算当月快递费；③计提提成奖，适用于按季或按年发放提成奖的公司；④计提支付宝扣费：保证订单收入与费用匹配。

可以保证当月利润的准确性，防止漏记费用导致利润增高，并导致后续会计处理出现失误。

（8）会计档案整理与保管。

除传统的会计档案外，必须做好以下会计资料的电子存档：①平台销售订单的导出存档，财务人员必须做好电子档案的存档；②支付宝月结账单、网银钱包月账单等导出存档；③电子凭证，如天猫支付宝后台的电子凭证下载存档；④其他需要存档的网上电子资料，如平台佣金、扣点明细、网商贷明细账单、花呗信用收费明细等。

（9）及时申请开票。

以天猫为例，在天猫商家账房后台【商家中心→店肆办理→账房】申请开票，包括天猫佣金、消费积分、直通车、钻展、淘宝客如意投、聚划算等发票。在本年 5 月 31 日前，向天猫、淘宝申请上一年未开的发票（过期不补）。

具体流程如下：进入【商家中心】，然后找到并单击【账房】→【发票管理】→【开具发票】→【未开具的发票账单】，查询对应的欠票金额，对需要开具的发票月份勾选，可自动合计开票金额。注意若有负数的账号需和其他账号一同合并后才能提交；若为同一年度的发票金额合计仍为负数的情况下则不需要开具发票。

1.2　电商企业会计核算原则与会计科目设置

企业应当根据有关会计法律、行政法规和《企业会计制度》的规定，在不违反本制度的前提下，结合本企业的具体情况，制定适合于本企业的会计核算办法。

会计核算应以企业发生的各项交易或事项为对象，记录和反映企业本身的各项生产经营活动。

1.2.1　会计核算的原则

《企业会计制度》的规定，企业的会计记账采用借贷记账法。会计记录的文字应当使用中文。在民族自治地方，会计记录可以同时使用当地通用的一种民族文字。在中华人民共和国境内的外商投资企业、外国企业和其他外国组织的会计记录可以同时使用一种外国文字。

《企业会计制度》第十一条规定：

"企业在会计核算时,应当遵循以下基本原则:

(一)会计核算应当以实际发生的交易或事项为依据,如实反映企业的财务状况、经营成果和现金流量。

(二)企业应当按照交易或事项的经济实质进行会计核算,而不应当仅仅按照它们的法律形式作为会计核算的依据。

(三)企业提供的会计信息应当能够反映企业的财务状况、经营成果和现金流量,以满足会计信息使用者的需要。

(四)企业的会计核算方法前后各期应当保持一致,不得随意变更。如有必要变更,应当将变更的内容和理由、变更的累积影响数,以及累积影响数不能合理确定的理由等,在会计报表附注中予以说明。

(五)企业的会计核算应当按照规定的会计处理方法进行,会计指标应当口径一致、相互可比。

(六)企业的会计核算应当及时进行,不得提前或延后。

(七)企业的会计核算和编制的财务会计报告应当清晰明了,便于理解和利用。

(八)企业的会计核算应当以权责发生制为基础。凡是当期已经实现的收入和已经发生或应当负担的费用,不论款项是否收付,都应当作为当期的收入和费用;凡是不属于当期的收入和费用,即使款项已在当期收付,也不应当作为当期的收入和费用。

(九)企业在进行会计核算时,收入与其成本、费用应当相互配比,同一会计期间内的各项收入和与其相关的成本、费用,应当在该会计期间内确认。

(十)企业的各项财产在取得时应当按照实际成本计量。其后,各项财产如果发生减值,应当按照本制度规定计提相应的减值准备。除法律、行政法规和国家统一的会计制度另有规定者外,企业一律不得自行调整其账面价值。

(十一)企业的会计核算应当合理划分收益性支出与资本性支出的界限。凡支出的效益仅及于本年度(或一个营业周期)的,应当作为收益性支出;凡支出的效益及于几个会计年度(或几个营业周期)的,应当作为资本性支出。

(十二)企业在进行会计核算时,应当遵循谨慎性原则的要求,不得多计资产或收益、少计负债或费用,但不得计提秘密准备。

(十三)企业的会计核算应当遵循重要性原则的要求,在会计核算过程中对交易或事项应当区别其重要程度,采用不同的核算方式。对资产、负债、损益等有较大影响,并进而影响财务会计报告使用者据以作出合理判断的重要会计事项,必须按照规定的会计方法和程序进行处理,并在财务会计报告中予以充分、准确地披露;对于次要的会计事项,在不影响会计信息真实性和不至于误导财务会计报告使用者作出正确判断的前提下,可适当简化处理。"

1.2.2 会计科目设置

具体会计科目的设置一般是从会计要素出发,将会计科目分为资产、负债、共同、所有者权益、成本、损益六大类,涵盖了我国所有企业的交易或事项,企业可在不违反《企业会计准则》中确认、计量、报告规定的前提下根据各单位的实际情况自行增设、减少或合并某些科目。由于共同类会计科目金融企业使用较多,电商企业不涉及,因此表1-1中不作介绍。

企业常用会计科目的设置见表1-1。

表 1-1 企业会计科目表

序号	编号	会计科目名称	序号	编号	会计科目名称
一、资产类			29	1701	无形资产
1	1001	库存现金	30	1702	累计摊销
2	1002	银行存款	31	1703	无形资产减值准备
3	1012	其他货币资金	32	1711	商誉
4	1101	交易性金融资产	33	1801	长期待摊费用
5	1121	应收票据	34	1811	递延所得税资产
6	1122	应收账款	35	1901	待处理财产损溢
7	1221	其他应收款	二、负债类		
8	1231	坏账准备	36	2001	短期借款
9	1401	材料采购	37	2101	交易性金融负债
10	1402	在途物资	38	2201	应付票据
11	1403	原材料	39	2202	应付账款
12	1404	材料成本差异	40	＊＊	合同负债
13	1405	库存商品	41	2211	应付职工薪酬
14	1406	发出商品	42	2221	应交税费
15	＊＊	合同资产	43	2241	其他应付款
16	＊＊	合同资产减值准备	44	2401	递延收益
17	1411	周转材料	45	2501	长期借款
18	1471	存货跌价准备	46	2502	应付债券
19	1511	长期股权投资	47	2701	长期应付款
20	1512	长期股权投资减值准备	48	2801	预计负债
21	1521	投资性房地产	49	2901	递延所得税负债
22	1531	长期应收款	三、所有者权益类		
23	1601	固定资产	50	4001	实收资本
24	1602	累计折旧	51	4002	资本公积
25	1603	固定资产减值准备	52	4101	盈余公积
26	1604	在建工程	53	4004	其他综合收益
27	1605	工程物资	54	4103	本年利润
28	1606	固定资产清理	55	4104	利润分配

序号	编号	会计科目名称	序号	编号	会计科目名称
四、成本类			66	6301	营业外收入
56	5001	生产成本	67	6401	主营业务成本
57	5101	制造费用	68	6402	其他业务成本
58	5201	劳务成本	69	6403	税金及附加
59	5301	研发支出	70	6601	销售费用
60	＊＊	合同履约成本	71	6602	管理费用
五、损益类			72	6603	财务费用
61	6001	主营业务收入	73	6701	资产减值损失
62	6051	其他业务收入	74	6711	营业外支出
63	6101	公允价值变动损益	75	6801	所得税费用
64	6111	投资收益	76	6901	以前年度损益调整
65	6117	其他收益			

注：＊＊号为财政部未给出科目代码，企业可根据需要，自行设置。

第 2 章
入驻平台电商收入与成本的确认及核算

电商企业入驻的平台主要有淘宝、天猫、拼多多等，电商模式下的资金流转与传统购销模式下的资金转移不同，而是多了一个第三方支付平台，如支付宝、微信等。因此，电子商务 ERP 软件、财务软件、网络平台中的存货数据，应实现"三账"合一，并与实物数据进行定期或不定期的核对。否则很容易造成存货失实，收入和成本核算不准确。

2.1 收入与成本的确认及会计核算

电商企业都有企业资源计划（enterprise resource planning，以下简称 ERP）系统，ERP 系统是建立在信息技术基础上。常见的 ERP 系统软件有聚水潭、旺店通、网店管家、管易云等。ERP 记录商品入库、出库的数据信息，以及销售收入的情况。但有些收入数据不全在 ERP，部分销售的数据在店铺后台。现在电商软件基本上都可以准确同步店铺的买家付款金额，因此不需要再去匹配订单。电商会计的工作量大幅减少。

2.1.1 确认线上的收入与成本

入驻平台电商会计确认线上收入与成本流程如下（以淘宝为例）。

（1）根据 ERP 后台销售报表，确认当期销售收入与成本。

（2）导出后台当月的销售订单报表。单击"千牛电商企业中心"，如下所示。

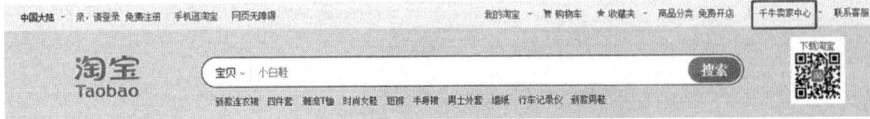

　　输入店铺账号和密码。登录之后，进入平台电商中心。查找页面左侧"交易管理"中的"已卖出的宝贝"。单击"已卖出宝贝"，在"已卖出宝贝"界面，可以看到"近三个月的订单"和"三个月前的订单"，显示支付交易金额和订单数，会计可根据需要导出需要的交易信息，如下所示。

我是买家	我是卖家	账号管理	应用中心					
交易管理	我是买家	交易管理	已卖出的宝贝					
已卖出的宝贝	宝贝名称		成交时间					
发货	买家昵称		订单状态		评价状态			
物流工具	订单编号		物流服务		售后服务			
发货设置								
我有货物要运输								
评价管理	近三个月订单	等待买家付款	等待发货	已发货	退款中	需要评价	成功订单	三个月订单
宝贝管理								

　　（3）若企业需要对淘宝店铺内的总订单金额进行查看，可以在进入【蚂蚁金服】→【商家中心】→【对账中心】→【交易订单】中查看到所有类型的订单总金额，或者进入到支付宝商家中心对账单进行查看。

　　（4）为了验证ERP内订单销售金额的正确性，会计人员每月都应该随机筛选若干订单，与店铺后台订单进行匹配比较核对。对于商家来说进行每日、每月或者其他时间段内的对账是非常关键的，不仅能查看订单中的成交金额，还能查看营销推广的费用。

2.1.2　确认线下的收入成本与费用

　　电商企业线下收入、成本与费用的确认方法与传统企业相同。

　　（1）根据银行收支流水（从网银中导出），与报销单、收入凭证等一一核对，确认线下的收入与费用。若发现没有报销凭证与收据，查清后补办相关手续再记账，编制相关分录；检查本月的现金收据开具情况，进行相应的账务处理。

　　（2）根据ERP线下销售订单，如分销经销、线下零售等订单，确认线下收入与应收账款。

　　（3）其他线下确认收入费用的凭证包括销售合同、租赁合同等。

　　以天猫为例，线上费用主要包括：平台佣金、积分、淘宝客佣金、淘抢购、聚划算费用、花呗信用卡手续费、运费险、网商贷利息、公益宝贝、直通车推广费、钻展推广费、超级推荐等，每一项费用都有自己独立的数据源，但它们基本上通过支付宝扣款。

因此，对初学者来说，最快捷的方法就是直接筛选每月的支付宝月结账单，从而得到每月线下费用的发生额，最后与次月的相关发票核对相符，但直通车、钻展推广费等是通过账户获取当月的消耗额。

例如，支付宝月结账单的筛选结果，见表2-1。

表2-1　支付宝收支汇总

金额单位：元

项　　目	收入		支出		净额		对应会计科目
	笔数（条）	金　额	笔数（条）	金　额	笔数（条）	金　额	
交易付款、退款	5 412	241 860.12	10	440	5 422	241 420.12	主营业务收入
花呗交易额	219	53 900.09	5	650.89	224	53 249.20	主营业务收入
天猫佣金	5	5.65	8 954	9 854.23	8 959	−9 848.58	销售费用——天猫佣金
天猫积分	0	0	9 345	9 850.09	9 345	−9 850.09	销售费用——天猫积分
运费险	—	—	8 976	2 456.67	—	−2 456.67	销售费用——运费险
信用卡费	—	—	1 342	251.89	1 342	−251.89	财务费用
花呗服务费	—	—	2 970	387.90	2 970	−387.90	财务费用
直通车充值	—	—	5	15 000	5	−15 000	合同资产——直通车充值
公益宝贝	—	—	8 456	112.89	8 456	−112.89	营业外支出——公益宝贝
淘宝贷款	—	—	—	0	0	0	短期借款——淘宝贷款
贷款利息	—	—	—	—	—	—	—
合计	5 636	295 765.86	40 063	39 004.56	36 723	256 761.30	—

需要强调的是，线上的费用基本上都体现在支付宝月结账单中，它的扣费金额与下月开票金额相符。

2.1.3 权责发生制下不同时点确认收入的账务处理

《企业会计准则第 14 号——收入》（财会〔2017〕22 号）规定，企业应当在履行了合同中的履约义务，即在客户取得相关商品控制权时确认收入。

> "**第五条** 当企业与客户之间的合同同时满足下列条件时，企业应当在客户取得相关商品控制权时确认收入：
> （一）合同各方已批准该合同并承诺将履行各自义务；
> （二）该合同明确了合同各方与所转让商品或提供劳务（以下简称'转让商品'）相关的权利和义务；
> （三）该合同有明确的与所转让商品相关的支付条款；
> （四）该合同具有商业实质，即履行该合同将改变企业未来现金流量的风险、时间分布或金额；
> （五）企业因向客户转让商品而有权取得的对价很可能收回。"

《中华人民共和国电子商务法》第四十九条规定，"电子商务经营者发布的商品或者服务信息符合要约条件的，用户选择该商品或者服务并提交订单成功，合同成立。当事人另有约定的，从其约定。

电子商务经营者不得以格式条款等方式约定消费者支付价款后合同不成立；格式条款等含有该内容的，其内容无效。"

关于合同，《中华人民共和国民法典》规定得很清楚：

> "**第四百六十九条** 当事人订立合同，可以采用书面形式、口头形式或者其他形式。
> ············
> **第四百九十一条** 当事人采用信件、数据电文等形式订立合同要求签订确认书的，签订确认书时合同成立。
> 当事人一方通过互联网等信息网络发布的商品或者服务信息符合要约条件的，对方选择该商品或者服务并提交订单成功时合同成立，但是当事人另有约定的除外。"

根据上述法律条文的规定，分析电商企业网上订单合同：卖家商品或者服务信息且展现在买家面前，即为要约，即使无设定价格的有效期，也不影响其要约的性质。买家（受要约人）将此种商品放入购物车中，单击"确定"选项，即作出对商家要约的承诺，网络合同就此成立。

根据新收入准则，收货确认收入时点非常符合准则规定。但由于电商企业一般通过第三方平台销售，电商企业的软件需要同步电商平台。目前，除天猫平台外，其他平台无法达到此要求。因而造成收货确认收入的困难。权责发生制下不同时点确认收入的账务处理，主要分为三种：一是仓库发货时确认收入；二是货款到账时确认收入；三是买家确认收货时确认收入。根据新收入准则的规定，对于在某一时点履行的履约义务，企业应当在客户取得相关商品控制权时点确认收入。在判断客户是否已取得商品控制权时，企业应当考虑下列迹象：

"**第十一条** 满足下列条件之一的，属于在某一时段内履行履约义务；否则，属于在某一时点履行履约义务：

（一）客户在企业履约的同时即取得并消耗企业履约所带来的经济利益。

（二）客户能够控制企业履约过程中在建的商品。

（三）企业履约过程中所产出的商品具有不可替代用途，且该企业在整个合同期间内有权就累计至今已完成的履约部分收取款项。

第十二条 对于在某一时段内履行的履约义务，企业应当在该段时间内按照履约进度确认收入，但是，履约进度不能合理确定的除外。企业应当考虑商品的性质，采用产出法或投入法确定恰当的履约进度。其中，产出法是根据已转移给客户的商品对于客户的价值确定履约进度；投入法是根据企业为履行履约义务的投入确定履约进度。对于类似情况下的类似履约义务，企业应当采用相同的方法确定履约进度。

当履约进度不能合理确定时，企业已经发生的成本预计能够得到补偿的，应当按照已经发生的成本金额确认收入，直到履约进度能够合理确定为止。

第十三条 对于在某一时点履行的履约义务，企业应当在客户取得相关商品控制权时点确认收入。在判断客户是否已取得商品控制权时，企业应当考虑下列迹象：

（一）企业就该商品享有现时收款权利，即客户就该商品负有现时付款义务。

（二）企业已将该商品的法定所有权转移给客户，即客户已拥有该商品的法定所有权。

（三）企业已将该商品实物转移给客户，即客户已实物占有该商品。

（四）企业已将该商品所有权上的主要风险和报酬转移给客户，即客户已取得该商品所有权上的主要风险和报酬。

（五）客户已接受该商品。

（六）其他表明客户已取得商品控制权的迹象。"

新收入准则的以上规定，基本概括收入确认的原则。

1. 仓库发货时确认收入

仓库发货时确认收入的依据为：发货时商品风险已转移出去，而且退货率不可能大于 50%，所以符合"经济利益很可能流入企业"的收入确认原则。具体流程如下。

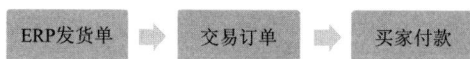

ERP发货单 ➡ 交易订单 ➡ 买家付款

【例2-1】圣名家居旗舰店当月发出订单8 756笔，合计价格108.48万元，其中税款12.48万元，仓库发出的A商品成本65万元。当月支付宝月结账单中显示收到交易货款79.10万元。

以下是根据上述案例，采用不同时点确认收入的账务处理方式。

（1）发货时，根据旗舰店仓库的ERP发货单，和当月订单匹配结果，确认收入与成本。

借：应收账款——天猫××店　　　　　　　　　　　　　1 084 800
　　贷：主营业务收入　　　　　　　　　　　　　　　　　　960 000
　　　　应交税费——应交增值税（销项税额）　　　　　　　124 800

同时，结转销售成本。

借：主营业务成本——A商品　　　　　　　　　　　　　　650 000
　　贷：库存商品——A商品　　　　　　　　　　　　　　　650 000

（2）支付宝收到货款时，根据支付宝月结账单等，冲减应收账款。

借：其他货币资金——天猫××店支付宝　　　　　　　　　791 000
　　贷：应收账款——天猫××店　　　　　　　　　　　　　791 000

其他货币资金＝上期发货本期到款＋本期发货本期到款

需要注意的是，公司ERP发货单需要与平台的交易订单进行匹配。因为从天猫等平台下载的买家付款金额往往是不准确的。需要找出每一笔发货订单交易后台里买家付款金额，作为主营业务收入金额。

【例2-2】2023年3月，金顶手机店销售订单3 000笔，销售额240万元；当月仓库销售出库3 200笔，成本价240万元，销售出库对应的订单3 100笔，销售金额339万元；当月支付宝月结账单中收到交易货款155万元，月结账单里支付的天猫佣金等费用6万元。

根据发货确认制进行账务处理如下：

（1）发货时，根据公司ERP里的销售报表，以发货时间为准，与店铺后台的销售订单核对相符后，确认收入与成本。

借：应收账款——××店　　　　　　　　　　　　　　3 390 000
　　贷：主营业务收入　　　　　　　　　　　　　　　　3 000 000
　　　　应交税费——应交增值税（销项税额）　　　　　　390 000

同时结转成本：

借：主营业务成本　　　　　　　　　　　　　　　　　2 400 000

<table>
<tr><td>贷：库存商品</td><td>2 400 000</td></tr>
</table>

（2）根据支付宝月结账单中收到的货款，冲抵应收账款。

<table>
<tr><td>借：其他货币资金——××支付宝存款</td><td>1 550 000</td></tr>
<tr><td>贷：应收账款——天猫××店铺</td><td>1 550 000</td></tr>
</table>

同时，根据支付宝月账单中账扣的天猫佣金等，编制分录：

<table>
<tr><td>借：销售费用</td><td>60 000</td></tr>
<tr><td>贷：其他货币资金——支付宝存款</td><td>60 000</td></tr>
</table>

2. 货款到账时确认收入

财务人员依据支付宝账单，确认收入。

【例 2-3】接【例 2-1】，按货款到账时确认收入，账务处理如下。

（1）发货时，根据旗舰店 ERP 里的发货单。

<table>
<tr><td>借：发出商品</td><td>650 000</td></tr>
<tr><td>贷：库存商品</td><td>650 000</td></tr>
</table>

（2）收到货款时才确认收入，根据支付宝月结账单，假设当月支付宝结账单结算金额为 847 500 元，其中税款 97 500 元。

<table>
<tr><td>借：其他货币资金——天猫××店支付宝</td><td>847 500</td></tr>
<tr><td>贷：主营业务收入</td><td>750 000</td></tr>
<tr><td>应交税费——应交增值税（销项税额）</td><td>97 500</td></tr>
</table>

（特别注意：它不是当月发出的 65 万元商品卖出的货款。）

（3）同时，根据对应交易订单里的商品结转销售成本。假设当月已到款订单的对应商品成本是 50.40 万元。

<table>
<tr><td>借：主营业务成本</td><td>504 000</td></tr>
<tr><td>贷：发出商品</td><td>504 000</td></tr>
</table>

需要注意的是，订单匹配被广泛使用，用支付宝账单的"商户订单号"匹配"已卖出宝贝"里的"订单交易"里的交易订单号，再匹配电商企业 ERP 发货单内的商品成本，也可以直接用支付宝商户订单号"匹配"发货订单的平台订单号。

3. 买家确认收货时确认收入

确认收入的依据为买家确认收货的时间。天猫、淘宝可实现即时付款，但其他平台有时间差。由于其他平台确认收货的时间难以确定，收入与结转成本的金额无法取得，因此入驻平台电商可根据实际情况选择确认收入的方法。账务处理与货款到账基本相同。

2.2 电商销售成本的结转方法

本节介绍电商企业销售成本结转方法。

2.2.1 电商企业主要销售成本的构成

电商企业主要成本分为平台固定成本、运营成本、货品成本和人员成本等。

1. 平台固定成本

平台固定成本属于电商运营的基建成本，如平台的保证金、技术服务费、实时划扣技术服务费。

2. 运营成本

运营成本属于电商企业的扩展建设成本，可分为硬运营成本和软运营成本。硬运营成本是指电商运营中所需要的一次性或稳定固定额度的硬件或后端软件的成本，如 CRM 系统、ERP 系统等软件或打印机、扫码枪等硬件购置成本；软运营成本是指推广投入，如按点击数付费、按展示付费、以时间付费、按销售付费。

3. 货品成本

货品成本主要以包括货品净成本、库存积压成本、仓库管理成本、货品残损成本等。

4. 人员成本

人员成本包括员工成本、场地成本、管理成本、机器设备成本等。

2.2.2 商品销售成本的核算

一般来说，电商企业都有 ERP 软件，商品购进发出的数量与价格也很清楚。下面介绍销售成本结转的方法。

1. 常用商品成本价格确认方法

电商企业在确定发出存货的成本时，可以采用先进先出法、移动加权平均法、月末一次加权平均法和个别计价法等方法。企业不得采用后进先出法确定发出存货的成本。

（1）先进先出法是以先购入的存货应先发出（销售或耗用）这样一种存货实物流转假设为前提，对发出存货进行计价。采用这种方法，先购入的存货成本在后购入存货成本之前转出，据此确定发出存货和期末存货的成本。

（2）月末一次加权平均法，是指以当月全部进货成本加上月初存货成本之和，除以当月全部进货数量加上月初存货数量之和，计算出存货的加权平均单位成本，以此为基础计算当月发出存货的成本和期末存货成本的一种方法。

存货加权平均单价＝（期初库存存货的实际成本＋本期进货的实际成本）÷

（期初库存存货数量＋本期进货数量）

期末结存存货成本＝期末结存存货数量×加权平均单价

本期发出存货成本＝期初结存存货成本＋本期收入存货成本－期末结存或存货成本

或

本月发出存货成本＝本月发货数量×存货加权平均单价

（3）移动加权平均法，是指以每次进货的成本加上原有库存存货的成本之和，除以每次进货数量与原有库存存货的数量之和，据以计算加权平均单位成本，作为在下次进货前计算各批次发出存货成本的依据。计算公式如下：

存货移动平均单价＝（原有库存存货的实际成本＋本次进货的实际成本）÷

原有库存存货数量＋本次进货数量

本次发出存货成本＝本次发货数量×存货移动平均单价

（4）个别计价法，对于不能替代使用的存货、为特定项目专门购入或制造的存货，以及提供的劳务，通常采用个别计价法确定发出存货的成本。

发出存货的实际成本＝∑［各批（次）存货发出数量×该批次存货实际进货单价］

【例 2-4】2023 年 3 月，雅阁旗舰店 A 商品购入、发出情况见表 2-2。

表 2-2　商品收发明细账

金额单位：元

2023年		摘　要	收　入			发　出			结　存		
月	日		数量	单价	金额	数量	单价	金额	数量	单价	金额
3		期初余额	—	—	—	—	—	—	1 800	8	14 400
3	1	购入	1 500	7	10 500				3 300	—	24 900
3	4	购入	1 000	9	9 000				4 300		33 900
3	6	领用	—	—	—	2 500			1 800		
3	15	购入	800	8	6 400	—	—	—	2 600		
3	28	领用	—	—	—	1 000			1 600	—	—

根据上述资料，采用先进先出法、月末一次加权平均法、移动加权平均法计算发出商品成本。

☆先进先出法

发出 A 商品总成本＝$1\,800×8＋700×7＋800×7＋200×9$

$\qquad\qquad\qquad ＝14\,400＋4\,900＋5\,600＋1\,800$

$\qquad\qquad\qquad ＝26\,700$（元）

☆月末一次加权平均法

A 商品单位成本＝$(14\,400＋10\,500＋9\,000＋6\,400)÷(1\,800＋1\,500＋$

$\qquad\qquad\qquad 1\,000＋800)$

$\qquad\qquad\qquad ＝40\,300÷5\,100$

$\qquad\qquad\qquad ＝7.90$（元/千克）

发出 A 商品总成本＝$(2\,500＋1\,000)×7.90＝27\,650$（元）

☆移动加权平均法

3 月 1 日，结存材料单位成本＝$(14\,400＋10\,500)÷(1\,800＋1\,500)$

$\qquad\qquad\qquad\qquad ＝7.55$（元）

3 月 4 日，结存材料单位成本＝$(24\,900＋9\,000)÷4\,300$

$\qquad\qquad\qquad\qquad ＝7.88$（元/千克）

3 月 6 日，发出材料单位成本＝$7.88×2\,500＝19\,700$（元）

3 月 6 日，结存材料总成本＝$1\,800×7.88＝14\,184$（元）

3 月 15 日，结存材料单位成本＝$(14\,184＋6\,400)÷(1\,800＋800)$

$\qquad\qquad\qquad\qquad ＝7.92$（元/千克）

3 月 28 日，发出材料单位成本＝$1\,000×7.92＝7\,920$（元）

3 月 28 日，结存材料总成本＝1 600×7.92＝12 672（元）

本月发出材料成本总计＝19 700＋7 920＝27 620（元）

2. 电商非常规销售成本确认方法

电商非常规销售成本确认方法主要有倒挤法、毛利率法、按店铺后台的"宝贝报表"确认销售成本等。

（1）倒挤法。倒挤法又叫实地盘存制，它是期末通过实物盘点，确定存货的结余数量，并据以计算期末存货成本和本期存货发出（销售或耗用）成本的一种方法。倒挤法适用于 ERP 应用混乱，或没有 ERP 软件，用盘点的方法倒挤当月的销售成本，计算公式如下：

当月销售成本＝期初存货成本＋本月进货成本－期末存货成本

采用这种方法，省时省力，简化了核算，但不利于会计监督。因为难以掌握具体商品的销售成本、差价和储存、销售环节上的错漏现象。

（2）毛利率法。毛利率法是根据本期销售总成本乘以上期实际（或本期计划）毛利率匡算本期销售毛利，并据以计算发出存货和期末结存存货成本的一种方法。

当月销售成本＝销售净额×（1－毛利率）

其中：　　　毛利率＝销售毛利÷销售净额×100％

销售净额＝商品销售收入－销售退回与折让

对于产品品种繁多，单个产品价格低且数量多，管理不完善的企业，常用这种方法。

这种方法的缺点是销售成本核算不准确，而且税务上也不认可。

（3）按店铺后台的"宝贝报表"确认销售成本。首先，导出上月交易管理内的"已卖出宝贝－宝贝报表"；其次，人工输入"宝贝报表"中商品的成本价格，作为销售成本。

按店铺后台的"宝贝报表"确认销售成本法的优点是与当月的销售订单对应关系清楚；缺点是宝贝报表中，有订单金额重复现象，一单多件的订单中计算复杂；存在赠品等业务，往往不能真实全面反映。

2.3　电商业务交易类型的核算

电商平台由于销售方式的不同，导致账务处理也不同。由于网上付款大多通过支付宝、微信支付、财付通等完成，所以一般在"其他货币资金"科目核算。通过第三方线上平台，销售商品的过程大致可以分为以下五个步骤：①买家提交订单，将货款支付到第三方平台；②卖家发货；③买方收货并确认；④第三方平台扣除佣金、手续费后打款给卖方；⑤完成交易。

2.3.1 存在第三方担保的业务处理

存在第三方担保的业务处理共包括以下几种类型。

1. 第一种交易类型的核算

第一种交易类型流程：买家在线付款至平台，电商企业发货，买家确认收到商品，平台向电商企业结算。

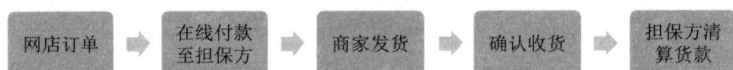

注：担保方清算货款分为先付款后发货、有第三方担保、正常交易。

账务处理见表2-3。

表2-3 第一种交易类型会计处理

序 号	业务情形	账务处理
1	初次提交订单	不做会计处理
2	发货时，不确认收入与成本	借：发出商品 　　贷：库存商品
3	买家确认收货，结转销售成本	借：应收账款 　　贷：主营业务收入 　　　　应交税费——应交增值税（销项税额） 借：主营业务成本 　　贷：发出商品
4	扣除交易费用	借：销售费用 　　财务费用 　　贷：其他货币资金
5	收款	借：其他货币资金 　　贷：应收账款
6	发生物流费用（月结）	借：销售费用 　　贷：应付账款

【例 2-5】2023 年 1 月 3 日，雅阁服装店收到网上订单，4 月，发出商品，销售价格 20 114 元，成本为 14 000 元，同时支付物流费用 415 元。17 日，买家确认收货，同时收到支付宝货款 20 114 元，其中第三方平台手续费 1 005.70 元。

雅阁服装店会计处理如下。

（1）2023 年 1 月 3 日，初次提交订单时雅阁服装店不做会计处理；买家在线付款至担保方，该笔款项未能确定最终是否流入企业。

（2）2023 年 1 月 3 日，雅阁服装店发货。发货时，仍未能确定是否成交，不确认收入和成本，但要将库存商品转为发出商品。

借：发出商品　　　　　　　　　　　　　　　　　　　14 000
　　贷：库存商品　　　　　　　　　　　　　　　　　　　　14 000

（3）2023 年 1 月 17 日，买家确认收货，交易成功可以确认收入与成本。

借：应收账款　　　　　　　　　　　　　　　　　　　20 114
　　贷：主营业务收入　　　　　　　　　　　　　　　　　17 800
　　　　应交税费——应交增值税（销项税额）　　　　　　2 314

结转销售成本分录。

借：主营业务成本　　　　　　　　　　　　　　　　　14 000
　　贷：发出商品　　　　　　　　　　　　　　　　　　　14 000

（4）担保方清算货款，收到经第三方扣除手续费的货款。

借：其他货币资金　　　　　　　　　　　　　　　　19 108.30
　　财务费用　　　　　　　　　　　　　　　　　　　1 005.70
　　贷：应收账款　　　　　　　　　　　　　　　　　　　20 114

（5）物流公司取货时发生物流费用，雅阁服装店与物流公司实行月结制。

借：销售费用　　　　　　　　　　　　　　　　　　　　415
　　贷：应付账款　　　　　　　　　　　　　　　　　　　　415

2. 第二种交易类型的核算

第二种交易类型具体为买家在线付款至平台，电商企业发货，买家拒收商品并退回，电商企业重新发货，平台向电商企业结算。

第二种交易类型会计处理见表 2-4。

表 2-4　第二种交易类型会计处理

序　号	业务情形	账务处理
1	初次提交订单	不做会计处理
2	在线付款至担保方	不做会计处理
3	发货时	借：发出商品 　　贷：库存商品
4	发生物流费用	借：销售费用 　　贷：应付账款
5	将退回货物从发出商品转回库存商品	借：库存商品 　　贷：发出商品 或 借：发出商品（红字） 　　贷：库存商品（红字）
6	重新发货，再次发货仍未能确定是否成交，不能确认收入和成本	借：发出商品 　　贷：库存商品
7	发生物流费用	借：销售费用 　　贷：应付账款
8	买家确认收货	借：应收账款 　　贷：主营业务收入 　　　　应交税费——应交增值税（销项税额）
9	结转销售成本	借：主营业务成本 　　贷：发出商品
10	担保方清算货款	借：其他货币资金 　　财务费用 　　贷：应收账款

【例 2-6】接【例 2-5】，2023 年 1 月 3 日，雅阁服装店收到订单，4 日，发出商品，销售价格 20 114 元，成本为 14 000 元，同时支付物流费用 415 元。9 日，买家拒收。12 日重新发货，成本 14 000 元，物流费 415 元。20 日，买

家确认收货，21 日收到支付宝货款 20 114 元，其中第三方平台手续费 1 005.70 元。

2023 年 1 月 3 日，初次提交订单时不做会计处理。

2023 年 1 月 3 日，在线付款至担保方，该笔款项未能确定最终是否流入企业，不做会计处理。

2023 年 1 月 4 日，发货，但仍未能确定成交，所以不能确认收入和成本，要将库存商品转为发出商品。

借：发出商品	14 000	
贷：库存商品		14 000

物流公司送货时发生物流费用。

借：销售费用	415	
贷：应付账款		415

2023 年 1 月 9 日，雅阁服装店拒收退回。将退回货物从发出商品转回库存商品。

借：库存商品	14 000	
贷：发出商品		14 000
或 借：发出商品（红字）	−14 000	
贷：库存商品（红字）		−14 000

2023 年 1 月 12 日，雅阁服装店重新发货，再次发货仍未能确定是否成交，不能确认收入和成本，将库存商品转回发出商品。

借：发出商品	14 000	
贷：库存商品		14 000

由物流公司送货时发生物流费用 415 元。

借：销售费用	415	
贷：应付账款		415

2023 年 1 月 20 日，确认收货。交易成功可以确认收入和成本，确认收入分录。

借：应收账款	20 114	
贷：主营业务收入		17 800
应交税费——应交增值税（销项税额）		2 314

结转成本分录。

借：主营业务成本 14 000

 贷：发出商品 14 000

2023 年 1 月 21 日，担保方清算货款 20 114 元，扣除手续费 1 005.70 元。

借：其他货币资金 19 108.30

 财务费用 1 005.70

 贷：应收账款 20 114

3. 第三种交易类型的核算

第三种交易类型具体为买家在线付款至平台，电商企业发货，买家拒收商品并退回，平台退款给买家。

注：先付款后发货、有第三方担保、被拒收取消交易。

账务处理见表 2-5。

表 2-5 第三种类型账务处理

序 号	业务情形	账务处理
1	初次提交订单	不做会计处理
2	在线付款至担保方	不做会计处理
3	发货时	借：发出商品 贷：库存商品
4	发生物流费用	借：销售费用 贷：应付账款
5	将退回货物从发出商品转回库存商品	借：库存商品 贷：发出商品 或 借：发出商品（红字） 贷：库存商品（红字）

【例 2-7】接【例 2-5】，2023 年 1 月 3 日，雅阁服装店收到网上订单，4 日发出商品，销售价格 20 114 元，成本为 14 000 元，同时支付物流费用 415 元。9 日，买家拒绝收货。

2023 年 1 月 3 日，初次提交订单时不做会计处理。

2023 年 1 月 3 日，在线付款至担保方，该笔款项未能确定最终是否流入企业，不做会计处理。

2023 年 1 月 4 日，发货，但仍未能确定成交，所以不能确认收入和成本，要将库存商品转为发出商品。

借：发出商品   14 000

  贷：库存商品   14 000

物流公司送货时发生物流费用。

借：销售费用   415

  贷：应付账款   415

2023 年 1 月 9 日，买家拒收，将退回货物从发出商品转回库存商品。

借：库存商品   14 000

  贷：发出商品   14 000

或 借：发出商品（红字）   －14 000

  贷：库存商品（红字）   －14 000

因款项未流入企业，不做销售处理。

4. 第四种交易类型的核算

第四种交易类型具体如下所示。

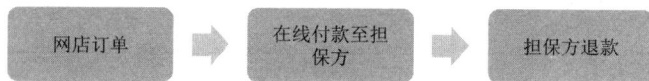

会计处理：

（1）网店订单，初次提交订单时不做会计处理。

（2）在线付款至担保方，该笔款项未能确定最终是否流入企业，此时不做会计处理。

（3）担保方退款，款项未流入企业，不做会计处理。

2.3.2 电商企业与买家无第三方担保的业务核算

买家直接付款给电商企业，无第三方担保，有以下几种交易类型：一是先付款后发货、无第三方担保、正常交易；二是先付款后发货，买家拒收退回商品，电商企业重新发货，买家收到商品后确认收货；三是买家先付款后，电商企业发货，买家拒收商品，并申请退款；四是买家提交订单付款后，马上并申请退款；五是买家提交订单付款后，电商企业发货，买家收到后确认收货并付款；六是买家提交订单付款后，电商企业发货，但买家拒收并退回商品，取消交易。

1. 第一种交易类型的核算

第一种交易类型流程如下所示。

第一种业务类型账务处理见表2-6。

表 2-6　第一种业务类型账务处理

序 号	业务情形	账务处理
1	初次提交订单	不做会计处理
2	在线付款，款项已流入企业先转为预收处理	借：其他货币资金 　　财务费用 　贷：合同负债
3	发货时	借：发出商品 　贷：库存商品
4	发生物流费用	借：销售费用 　贷：应付账款
5	买家确认收货，将预收款转为收入	借：合同负债 　贷：主营业务收入 　　　应交税费——应交增值税 　　　（销项税额）
6	结转销售成本	借：主营业务成本 　贷：发出商品

【例2-8】接【例2-5】，2023年1月3日，初次提交订单时不做会计处理。

（1）2023年1月3日，在线付款，款项已流入企业先转为预收处理，结算手续费1 005.70元。

借：银行存款   19 108.30

  财务费用   1 005.70

  贷：合同负债——客户名   20 114

2023 年 1 月 4 日，发货。但仍未能确定成交，所以不能确认收入和成本，要将库存商品转为发出商品。

借：发出商品   14 000

  贷：库存商品   14 000

物流公司送货时发生物流费用。

借：销售费用   415

  贷：应付账款   415

（2）2023 年 1 月 17 日，买家确认收货，交易成功可以确认收入和成本，将预收款转为收入。

借：合同负债   20 114

  贷：主营业务收入   17 800

    应交税费——应交增值税（销项税额）   2 314

结转销售成本。

借：主营业务成本   14 000

  贷：发出商品   14 000

2. 第二种交易类型的核算

第二种交易类型具体为先付款后发货，买家拒收退回商品，电商企业重新发货，买家收到商品后确认收货，流程如下所示。

网店订单 ➡ 付款直接到账 ➡ 发货 ➡ 拒收退回 ➡ 重新发货 ➡ 确认收货

第二种类型业务的会计处理见表 2-7。

表 2-7 第二种类型业务账务处理

序　号	业务情形	账务处理
1	初次提交订单	不做会计处理
2	收到货款	借：其他货币资金 贷：合同负债

序　号	业务情形	账务处理
3	发货时	借：发出商品 　贷：库存商品
4	发生物流费用（月结）	借：销售费用 　贷：应付账款
5	买家确认收货	借：合同负债 　贷：主营业务收入 　　应交税费——应交增值税 　　（销项税额）
6	结转销售成本	借：主营业务成本 　贷：发出商品

【例 2-9】接【例 2-5】，2023 年 1 月 3 日，初次提交订单时不做会计处理。

（1）收到货款。

借：其他货币资金——天猫××店　　　　　　　　　　　　20 114

　　贷：合同负债　　　　　　　　　　　　　　　　　　　　20 114

2023 年 1 月 3 日，雅阁服装店发货。发货时，仍未能确定是否成交，不确认收入和成本，但要将库存商品转为发出商品。

借：发出商品　　　　　　　　　　　　　　　　　　　　　14 000

　　贷：库存商品　　　　　　　　　　　　　　　　　　　　14 000

物流公司取货时发生物流费用，雅阁服装店与物流公司实行月结制。

借：销售费用　　　　　　　　　　　　　　　　　　　　　　415

　　贷：应付账款　　　　　　　　　　　　　　　　　　　　　415

2023 年 1 月 17 日，买家确认收货，交易成功可以确认收入与成本，将预收款转为收入。

借：合同负债　　　　　　　　　　　　　　　　　　　　　20 114

　　贷：主营业务收入　　　　　　　　　　　　　　　　　　17 800

　　　应交税费——应交增值税（销项税额）　　　　　　　　2 314

结转销售成本。

借：主营业务成本　　　　　　　　　　　　　　　　　　　14 000

　　贷：发出商品　　　　　　　　　　　　　　　　　　　　14 000

3. 第三种交易类型的核算

第三种交易类型流程具体为买家先付款后，电商企业发货，买家拒收商品，并申请退款，流程如下所示。

网店订单 ➡ 在线付款直接到账 ➡ 发货 ➡ 拒收退回 ➡ 退款

第三种类型业务的会计处理见表2-8。

表 2-8　第三种类型业务账务处理

序号	业务情形	账务处理
1	初次提交订单	不做会计处理
2	买家在线付款	借：其他货币资金 　　贷：合同负债
3	发货时	借：发出商品 　　贷：库存商品
4	发生物流费用（月结）	借：销售费用 　　贷：应付账款
5	买家拒收，发出商品转回库存商品	借：库存商品 　　贷：发出商品 或　借：发出商品（红字） 　　贷：库存商品（红字）
6	取消交易退回货款	借：合同负债 　　贷：其他货币资金

【例 2-10】接【例 2-5】，2023 年 1 月 3 日，买家初次提交订单时不做会计处理。

2023 年 1 月 3 日，买家在线付款。

借：其他货币资金——天猫××店　　　　　　　　　　　　20 114
　　贷：合同负债　　　　　　　　　　　　　　　　　　　　20 114

2023 年 1 月 3 日，雅阁服装店发货。发货时，仍未能确定是否成交，不确认收入和成本，但要将库存商品转为发出商品。

借：发出商品　　　　　　　　　　　　　　　　　　　　14 000

  贷：库存商品   14 000

物流公司取货时发生物流费用，雅阁服装店与物流公司实行月结制。

  借：销售费用   415

    贷：应付账款   415

2023 年 1 月 10 日，买家拒收。退回货物转为库存商品。

  借：库存商品   14 000

    贷：发出商品   14 000

或 借：发出商品（红字）   −14 000

    贷：库存商品（红字）   −14 000

2023 年 1 月 11 日，退款，取消交易退回货款。

  借：合同负债   20 114

    贷：其他货币资金——天猫××店   20 114

4. 第四种交易类型的核算

第四种交易类型具体为买家提交订单付款后，马上并申请退款。

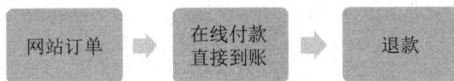

第四种类型业务的会计处理见表 2-9。

表 2-9 第四种类型业务账务处理

序 号	业务情形	账务处理
1	初次提交订单	不做会计处理
2	买家在线付款	借：其他货币资金 贷：合同负债
3	买家取消交易，退回货款	借：合同负债 贷：其他货币资金

  【例 2-11】接【例 2-5】，2023 年 1 月 3 日，买家初次提交订单时不做会计处理。

  2023 年 1 月 3 日，买家在线付款。

  借：其他货币资金——天猫××店   20 114

    贷：合同负债   20 114

2023 年 1 月 4 日，买家取消交易，退回货款。

借：合同负债——天猫××店　　　　　　　　　　　　　 20 114

　　贷：其他货币资金　　　　　　　　　　　　　　　　　　　 20 114

5. 第五种交易类型的核算

第五种交易类型具体为买家提交订单付款后，电商企业发货，买家收到后确认收货并付款，具体流程如下所示。

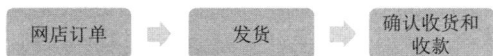

网店订单 ➡ 发货 ➡ 确认收货和收款

第五种类型业务的会计处理见表 2-10。

表 2-10　第五种类型业务账务处理

序　号	业务情形	账务处理
1	初次提交订单	不做会计处理
2	发货时	借：发出商品 　　贷：库存商品
3	发生物流费用（月结）	借：销售费用 　　贷：应付账款
4	买家确认收货并付款	借：银行存款 　　贷：主营业务收入 　　　　应交税费——应交增值税 　　　　（销项税额）
5	结转销售成本	借：主营业务成本 　　贷：发出商品

【例 2-12】接【例 2-5】，2023 年 1 月 3 日，初次提交订单时雅阁服装店不做会计处理。

（1）发货时，不能确认交易是否成功，先将货物成本转至"发出商品"科目。

借：发出商品　　　　　　　　　　　　　　　　　　　　　　 14 000

　　贷：库存商品　　　　　　　　　　　　　　　　　　　　　 14 000

物流公司取货时发生物流费用，雅阁服装店与物流公司实行月结制。

借：销售费用　　　　　　　　　　　　　　　　　　　　　　　 415

　　　　贷：应付账款　　　　　　　　　　　　　　　　　　　　　　　415

（2）确认收货和收款。

2023 年 1 月 10 日，买方收货并支付货款，确认收入。

　　借：银行存款　　　　　　　　　　　　　　　　　　　　　20 114

　　　　贷：主营业务收入　　　　　　　　　　　　　　　　　　17 800

　　　　　　应交税费——应交增值税（销项税额）　　　　　　 2 314

结转销售成本分录。

　　借：主营业务成本　　　　　　　　　　　　　　　　　　　14 000

　　　　贷：发出商品　　　　　　　　　　　　　　　　　　　14 000

6. 第六种交易类型的核算

　　第六种交易类型具体为买家提交订单付款后，电商企业发货，但买家拒收并退回商品，取消交易流程如下所示。

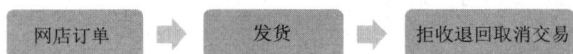

网店订单 ➡ 发货 ➡ 拒收退回取消交易

　　第六种类型业务的会计处理见表 2-11。

表 2-11　第六种类型业务账务处理

序　号	业务情形	账务处理
1	初次提交订单	不做会计处理
2	发货时	借：发出商品 　　贷：库存商品
3	发生物流费用（月结）	借：销售费用 　　贷：应付账款
4	买家拒收并退回货物，交易被取消	借：库存商品 　　贷：发出商品 或　借：发出商品（红字） 　　　　贷：库存商品（红字）

　　【例 2-13】接【例 2-5】，2023 年 1 月 3 日，初次提交订单时雅阁服装店不做会计处理。

　　2023 年 1 月 3 日，雅阁服装店发货。发货时，仍未能确定是否成交，不确认收入和成本，但要将库存商品转为发出商品。

借：发出商品　　　　　　　　　　　　　　　　　　14 000
　　贷：库存商品　　　　　　　　　　　　　　　　　　14 000

物流公司取货时发生物流费用，雅阁服装店与物流公司实行月结制。

借：销售费用　　　　　　　　　　　　　　　　　　　415
　　贷：应付账款　　　　　　　　　　　　　　　　　　　415

2023 年 1 月 7 日，买家拒收并退回货物，交易被取消。

借：库存商品　　　　　　　　　　　　　　　　　　14 000
　　贷：发出商品　　　　　　　　　　　　　　　　　　14 000

或　借：发出商品（红字）　　　　　　　　　　　　　－14 000
　　　　贷：库存商品（红字）　　　　　　　　　　　　－14 000

2.3.3　成交后发生换货、退货等交易类型的处理

《消费者权益保护法》第二十四条规定，"经营者提供的商品或者服务不符合质量要求的，消费者可以依照国家规定、当事人约定退货，或者要求经营者履行更换、修理等义务。没有国家规定和当事人约定的，消费者可以自收到商品之日起七日内退货；七日后符合法定解除合同条件的，消费者可以及时退货，不符合法定解除合同条件的，可以要求经营者履行更换、修理等义务。

依照前款规定进行退货、更换、修理的，经营者应当承担运输等必要费用。"

《网络购买商品七日无理由退货暂行办法》（2017 年 1 月 6 日国家工商行政管理总局令第 90 号公布　根据 2020 年 10 月 23 日国家市场监督管理总局令第 31 号修订）第三条规定，"网络商品销售者应当依法履行七日无理由退货义务。

网络交易平台提供者应当引导和督促平台上的网络商品销售者履行七日无理由退货义务，进行监督检查，并提供技术保障。"

针对上述规定，成交后发生换货、退货等交易类型：一是已成交后退回商品，买家要求换货，电商企业再次发货；二是已成交后退回货品，电商企业退款（受理已成交的退货并退款）。

1. 第一种交易类型的核算

第一种交易类型具体流程如下。

| 已成交后退回货品 | ➡ | 换货发货 |

第一种类型业务的会计处理见表 2-12。

表 2-12　第一种类型业务账务处理

序　号	业务情形	账务处理
1	已成交后退回货品，冲减收入分录	借：主营业务收入 　　应交税费——应交增值税（销项税额） 　　贷：应收账款 借：库存商品 　　贷：主营业务成本 或：借：应收账款（红字） 　　　贷：主营业务收入（红字） 　　　　　应交税费——应交增值税 　　　　　（销项税额）（红字） 借：主营业务成本（红字） 　　贷：库存商品（红字）
2	买家换成 B 商品，确认换货收入	借：应收账款 　　贷：主营业务收入 　　　　应交税费——应交增值税（销项税额）（按换出货品结转销售成本） 借：主营业务成本 　　贷：库存商品
3	发生销售费用	借：销售费用 　　贷：应付账款

【例 2-14】接【例 2-5】，2023 年 1 月 20 日，已成交后买家退回货品，成交后要求换货收到退货时，冲减收入。

借：主营业务收入　　　　　　　　　　　　　　　　　　17 800

　　应交税费——应交增值税（销项税额）　　　　　　　　2 314

　　　贷：应收账款　　　　　　　　　　　　　　　　　　　　20 114

借：库存商品　　　　　　　　　　　　　　　　　　　　14 000

　　　贷：主营业务成本　　　　　　　　　　　　　　　　　　14 000

或　借：应收账款（红字）　　　　　　　　　　　　　　　－20 114

　　　　贷：主营业务收入（红字）　　　　　　　　　　　　　－17 800

　　　　　应交税费——应交增值税（销项税额）（红字）　　　-2 314

　　借：主营业务成本（红字）　　　　　　　　　　　　　　　-14 000

　　　　贷：库存商品（红字）　　　　　　　　　　　　　　　　-14 000

（1）2023年1月21日，若买家换成B商品，含税销售价格20 340元，成本14 900元。

　　借：应收账款　　　　　　　　　　　　　　　　　　　　　20 340

　　　　贷：主营业务收入　　　　　　　　　　　　　　　　　　18 000

　　　　　　应交税费——应交增值税（销项税额）　　　　　　　2 340

（2）按换出货品结转销售成本。

　　借：主营业务成本　　　　　　　　　　　　　　　　　　　14 900

　　　　贷：库存商品　　　　　　　　　　　　　　　　　　　　14 900

（3）物流公司送货时发生物流费用329元。

　　借：销售费用　　　　　　　　　　　　　　　　　　　　　　329

　　　　贷：应付账款　　　　　　　　　　　　　　　　　　　　　329

2. 第二种交易类型的核算

第一种交易类型具体流程为已成交后买家退回商品，电商企业收货后退款，流程如下所示。

第二种类型业务的会计处理见表2-13。

表2-13　第二种类型业务账务处理

序　号	业务情形	账务处理
1	买家退货，冲减收入分录	借：主营业务收入 　　贷：应收账款或其他货币资金 　　　　应交税费——应交增值税（销项税额）（红字） 或红字冲回。 借：应收账款或其他货币资金（红字） 　　贷：主营业务收入（红字） 　　　　应交税费——应交增值税（销项税额）（红字）

序　号	业务情形	账务处理
2	冲减成本分录	借：库存商品 　　贷：主营业务成本 或　借：主营业务成本（红字） 　　　贷：库存商品（红字）
3	收到退货后退款	借：应收账款等 　　贷：其他货币资金

【例 2-15】接【例 2-5】，2023 年 1 月 21 日，雅阁服装店 2023 年 1 月 3 日的订单被买家退货，该服装店冲减收入。

借：主营业务收入　　　　　　　　　　　　　　　　　17 800

　　贷：应收账款　　　　　　　　　　　　　　　　　　20 114

　　　　应交税费——应交增值税（销项税额）　　　　　−2 314

（1）冲减成本分录。

借：库存商品　　　　　　　　　　　　　　　　　　　14 000

　　贷：主营业务成本　　　　　　　　　　　　　　　　14 000

或用红字冲回。

借：应收账款（红字）　　　　　　　　　　　　　　　20 114

　　贷：主营业务收入（红字）　　　　　　　　　　　　17 800

　　　　应交税费——应交增值税（销项税额）（红字）　2 314

借：主营业务成本（红字）　　　　　　　　　　　　　14 000

　　贷：库存商品（红字）　　　　　　　　　　　　　　14 000

（2）收到退货后退款。

借：应收账款　　　　　　　　　　　　　　　　　　　20 114

　　贷：其他货币资金　　　　　　　　　　　　　　　　20 114

第3章
入驻平台电商费用的核算

电商企业费用分为两类：一类是线上费用；一类是线下费用。本章主要介绍电商企业线上费用的分类与核算，以及发票的相关规定。

3.1　线上费用的分类与核算

电商企业的线上费用与传统企业的费用差别较大，传统企业发生的费用基本都有纸质或电子原始凭证，会计根据原始凭证进行记账。但电商企业线上费用要根据"支付宝月结账单"进行费用的确认与核算。

3.1.1　线上费用的分类

线上费用的主要分类见表 3-1。

表 3-1　线上费用的分类

费用分类	具体项目
推广费用	直通车、淘宝客、抖音直播等、品牌新享、短信营销、淘金币、商务仓库
平台扣费类	天猫佣金、积分返点、京豆、村淘、聚划算佣金、淘抢购佣金
营销工具	超级店长、美折促销、生意参谋、淘宝旺铺、无线模板、省油宝等
保险类	运费险、保无忧、质量保障金、保证金计划、大件售后保障险
财务手续费	信用卡费用、花呗、分期付款、支付宝手续费
促销类	折扣、满减、满送、店铺红包、赠品、好评返现
其他	公益宝贝、商家理赔、丢货损失

3.1.2 推广费用的会计核算

下面主要介绍电商企业直通车、淘宝客、淘金币等推广费用。

1. 直通车

直通车是淘宝网给淘宝商家提供的一个精准、付费、可控性极强的引流工具。它是按点击付费的营销推广工具，能够将宝贝精准地展现给有需求的消费者。直通车的特点如下。

（1）精准流量：直通车推广通过关键词锁定有相关购物需求的买家，并通过人群、时间、地域使投放更精准，获取优质流量。

（2）推广费用可控：直通车推广按点击收费，且可以设置相应的计划日限额，使推广费用精准可控。

● 直通车充值时，根据支付宝充值凭证，账务处理如下。

借：合同资产——直通车充值

　　贷：其他货币资金——＊＊支付宝

● 直通车消耗时，电商企业一般在次月收到发票，根据收到的直通车发票记账。

借：销售费用——促销推广费

　　应交税费——应交增值税（进项税额）

　　贷：合同资产——直通车充值

【例3-1】2023年1月2日，依阁服饰店为天猫直通车充值5 000元，账务处理如下。

借：合同资产——直通车充值　　　　　　　　　　　　　　5 000

　　贷：其他货币资金——＊＊支付宝　　　　　　　　　　　　5 000

当月花费3 000元，其中税款为345.13元。2月8日收到发票，依阁服饰店若为一般纳税人，账务处理如下。

借：销售费用——促销推广费　　　　　　　　　　　　　2 654.87

　　应交税费——应交增值税（进项税额）　　　　　　　　345.13

　　贷：合同资产——直通车充值　　　　　　　　　　　　　3 000

【例3-2】明月网店通过支付宝账号在直通车账号内充值10万元，当月天猫支付推广费63 347.21元。

借：合同资产——天猫平台——直通车账户　　　　　　100 000

　　　　贷：其他货币资金——支付宝　　　　　　　　　　　　100 000

向天猫公司申请促销费用发票，收到后进行财务处理。

　　借：销售费用——××店铺费用——直通车　　　　　　　63 347.21

　　　　贷：合同资产——天猫平台——直通车账户　　　　　63 347.21

淘宝商城大部分企业都是小规模纳税人，因此开具增值税率为 3% 的普通发票。根据《财政部 税务总局关于增值税小规模纳税人减免增值税政策的公告》（财政部 税务总局公告 2023 年第 19 号）规定，依阁服饰店若为小规模纳税人，且月销售额 10 万元以下，免征增值税。

淘宝直通车申请发票一般流程：登录【淘宝账号】→【账房】→【票管理】→【我申请的票】→【直通车】→【索取新票】→【提交申请】。有些平台的界面设置也许与此略有不同，但功能是一样的。

2. 淘宝客

淘宝客，是一种按成交计费的推广模式，也指通过推广赚取收益的一类人。

（1）按销售计费：淘宝客按照成功推广并实际产生销售的订单数量来计费，即每成功推广一笔订单，淘宝客可以获得相应的佣金。

（2）按注册计费：淘宝客还可以按照成功引导用户注册成为淘宝会员来计费，即每成功推广一个注册用户，淘宝客可以获得相应的佣金。

（3）按行动计费：除了订单和注册，还有一些特定的行动可以作为计费依据，如用户填写问卷调查、参加活动等。

总体来说，淘宝客的计费方式主要是按照成交量来计费。

淘宝客分为招商淘宝客和买家淘宝客。

（1）招商淘宝客直接与商家合作，商家同意隐藏优惠券、促销佣金和服务费。如果招商淘宝客本身有推广能力，可以赚取服务费和商品佣金。如果投资淘宝客没有推广能力，只向其他淘宝客户分发活动信息，投资淘宝客户只赚取服务费，商品佣金由其他淘宝客户获得。

（2）买家淘宝客不直接联系商家，通过淘宝联盟获取商品信息，通过微信群，QQ 推广群、网站等方式，获得商家淘宝客佣金。

淘宝客在其他平台又叫京挑客、多多进宝等。以天猫为例，淘宝客主要包括如意投、魔力投、一淘、联盟个人佣金等，其中个人部分没有发票，但因个人佣金由天猫平台代收代付，商家并没有个人纳税信息，无法代扣个人所得税，存在一定的税务风险。

【例3-3】商家通过如意投计划卖出10 000元商品，支付100元佣金给淘宝客。

借：合同资产——淘宝客佣金　　　　　　　　　　　　　　　　100

　　贷：其他货币资金——支付宝　　　　　　　　　　　　　　　　　100

收到发票后，会计处理如下。

借：销售费用——店铺费用——淘宝客——如意投　　　　　　　100

　　贷：合同资产——淘宝客佣金　　　　　　　　　　　　　　　　　100

由淘宝客佣金形成的相关交易，于次月10日左右需向天猫公司申请开具发票。

3. 淘金币

淘宝币是淘宝平台的一种虚拟货币，通常可以通过参与淘宝的各种活动、完成任务等方式获得。然而，淘宝币主要的使用方式并不是直接用来购买商品，而是用来在淘宝的一些特定功能和服务中使用，例如兑换礼品，参与活动等。

下面是一些淘宝币的常见使用方式。

（1）兑换礼品：在淘宝的淘金币商城，可以使用淘宝币兑换各种礼品，包括优惠券、实物商品、虚拟商品等。

（2）参与活动：淘宝会定期举行各种活动，如猜拳游戏、抽奖等，消费者可以使用淘宝币参与这些活动，有机会获得各种奖品。

（3）购买会员权益：在淘宝的会员中心，消费者可以使用淘宝币购买会员权益，如提升会员等级、购买会员专享优惠等。

常见的推广有金币引流、金币营销活动、收藏送金币、店铺签到送金币等；买家通过平台各种活动获取"买家淘金币"。"买家淘金币"可以当货款使用，100个买家淘金币等于1元。电商企业淘金币与买家淘金币不能互换互抵，电商企业淘金币只能用于营销推广，买家淘金币只能用于抵货款。电商企业淘金币在获取时被扣掉的那部分货款，没有发票，但置换成用于推广的淘金币，理论上应是一种推广费用，而不是一种商业折扣。

【例3-4】豪佳服装店设置店铺淘金币抵扣比例5%。2023年1月，该店共销售商品12 000元，其中淘金币抵扣300元，实收11 700元，并获取淘金币2万个。假设商品全部发出，按"发货确认制"确认收入。

借：应收账款 11 700

　　贷：主营业务收入 10 353.98

　　　　应交税费——应交增值税（销项税额） 1 346.02

此处的淘金币 300 元并不是销售费用，而是商家的一种让利行为，并以此获得平台的淘金币，实际上是与平台的一种资源置换，商家按抵扣后的金额确认收入，按商品抵扣后的金额向消费者开票。

当月，店铺利用淘金币参加商品引流活动，获取大量流量，并取得一定的销售，但财务不做任何账务处理。淘金币剩余数量可以在淘金币后台查看。

电商企业淘金币在获取与使用时，都没有发票，只是一种置换资源的使用，也不需要年末调整。

3.1.3 平台扣费的会计核算

平台扣费主要包括天猫佣金、积分返点、京豆、村淘、聚划算佣金、淘抢购佣金等。

1. 天猫佣金

目前，天猫平台有技术服务费年费和实时划扣技术服务费，实时划扣技术服务费即天猫佣金，指的是商家若在天猫经营，就需要按照其销售额（不包含运费）的一定百分比（简称"费率"）缴纳的费用。

天猫佣金收费标准一般为 2%～5%，按照销售额收取并将随着商品数量、销售金额、品类等因素都会发生变化的。

天猫平台按收入的金额扣除一定的比例，作为其佣金收入，并在支付宝的货款里直接扣除。天猫佣金下载账单的途径：【账房】→【对账管理】→【收支账单】→【账单汇总】，选择对应时间，选择【账单类型】为【结算通用账单】和【业务大类】为"天猫佣金"，即可下载账单。次月 10 日左右，由电商企业向天猫申请开票，以作为费用支出的证明。（对于天猫平台来说是营业收入，对于店铺来说是销售费用）

天猫佣金是不含快递费金额的，即商品价款×适用税率。

根据支付宝月结账单或支付宝结算电子回单，电商企业账务处理如下。

借：合同资产——天猫佣金——＊＊店铺

　　贷：其他货币资金——支付宝存款——＊＊店铺

需要注意的是，若当月不能取得发票，下月 10 日后才能取得，财务上作为合同资产处理。收到发票后，冲减预付款。

次月，财务人员收到天猫开具的佣金发票时，记入费用，冲减前面的暂付款。

借：销售费用——平台扣点——天猫佣金——＊＊店铺

应交税费——应交增值税（进项税额）

贷：合同资产——天猫佣金——＊＊店铺

电商企业发票申请渠道：登录天猫账房→发票管理→申请发票，如下所示。

发票管理	我要申请-账单	我要申请-订单	申请记录
	普通业务发票		
开票信息	业务类型	账单日期	
邮寄地址	□村淘平台技术服务费	2023年2月	
申请发票	□返点积分	2023年2月	
开具发票	□如意投	2023年2月	
商家对账	□直通车	2023年2月	
	□淘宝客	2023年2月	
	□超级费用	2023年2月	

【例 3-5】天雅食品旗舰店从昌明技术有限公司购买 61 220 万元商品，同时支付货款 61 220 元，商家支付宝账户实际收到 58 159 元，支付宝自动扣除天猫平台佣金 3 061 元。

由于扣除时无发票，记入"其他应收款"科目处理。

借：其他货币资金——支付宝   58 159

  其他应收款——天猫佣金   3 061

  贷：主营业务收入   54 177

    应交税费——应交增值税（销项税额） 7 043

当月发生的佣金支出于次月 10 日左右及时在账房向某猫平台申请开具佣金发票。增值税发票如图 3-1 所示。

借：销售费用——＊＊店铺费用——天猫佣金［3 061÷（1+6％）］

               2 888

  应交税费——应交增值税（进项税额） 173

  贷：其他应收款——天猫佣金   3 061

图 3-1　发票联

上海增值税电子专用发票
发票联

国统一发票监制
上海税务局

发票代码××
发票号码××
开票日期××
校验码××

机器编号××××

| 购买方 | 名　　　称：天雅食品旗舰店
纳税人识别号：
地址、电话：
开户行及账号： | | | | 密码区 | （略） | | |

项目名称	规格型号	单位	数量	单价	金额	税率（%）	税额
＊信息技术服务 ＊佣金＊					2 888	6％	173
（略写）							
合计					￥2 888		￥173
价税合计（大写）	⊗叁仟零陆拾壹元整					（小写）￥3 061	

| 销售方 | 名　　　称：天猫技术有限公司
纳税人识别号：
开户行及账号：
地址、电话： | | | | 备注 | | | |

收款人：××　　　　　复核：××　　　　　开票人：××

备注：按权责发生制记账，将佣金计入当月。

2. 积分返点

返点积分是天猫商家给买家的一种优惠（买家获得的积分称为"天猫积分"或"消费积分"）。所有的天猫商品都必须参与积分返利活动，在发布商品时必须设置。交易成功之后赠送给买家的返点积分是从商家的支付宝余额当中扣款的。

（1）返点积分的计算方式。

积分的基准返点比例为商品售价的 0.5％，其中，虚拟类商品、3C 数码类商品基准返点比例为 0.1％。

买家实际获得的天猫积分＝（商品支付价格×返点率），取整后进行求和计算。

（2）申请返点积分发票。

本月支出的费用将于次月 11 号产生账单，企业可于次月 11 日之后，到【账房】→【发票管理】→【申请发票】→【待申请发票】，业务类型选择"返点积分"，单击查询之后，再单击申请即可。

如果订单被退款，退款金额对应比例的返点积分会原路返还。

举例：如商家的返点比例设置为 0.5％，买家购买订单当中的货款金额为 100 元，商家的扣款金额是：$100×0.5％=0.5$（元），由于 100 点积分＝1 元，所以会赠送买家 50 点天猫积分。如果买家申请退款 50 元，$50×0.5％=0.25$（元），由于 100 积分＝1 元，所以会退还 25 个天猫积分，也就是 0.25 元会原路退给商家支付宝。

【例3-6】2023 年 11 月 25 日，某客户购买集林旗舰店 1 455 元商品，实际支付 1 450 元现金，另用价值 5 元的平台积分支付。

①客户收货时，确认收入。

借：应收账款——客户   1450

    ——某平台积分   5

 贷：主营业务收入［$1455÷（1+13％）$］ 1287.61

   应交税费——应交增值税（销项税额） 167.39

②当月开票 1 450 元增值税专用发票如图 3-2 所示。

③收到客户实际支付货款和某平台补偿积分款时。

借：其他货币资金——支付宝   1 455

 贷：应收账款——客户   1 450

     ——某平台积分   5

（3）由客户消费积分形成的相关交易，于次月 10 日需向平台开具所售商品的专用发票。店铺如若不开具发票给平台，也可选择打款给平台进行收入冲减处理。增值税发票如图 3-3 所示。

电子发票（专用发票）

发国票联

| | | | | | | 发票号码×× |
| | | | | | | 开票日期×× |

动态
二维码

| 购买方信息 | 名称：某客户
统一社会信用代码/纳税人识别号： | 销售方信息 | 名称：
统一社会信用代码/纳税人识别号： |

项目名称	规格型号	单位	数量	单价	金额	税率/征收率	税额
＊销售货物＊XG压力锅＊					1 283.19	13%	166.81
合计					¥1 283.19		¥166.81

| 价税合计（大写） | ⊗壹仟肆佰伍拾元整 | （小写）¥1 450 |

| 备注 | 购方开户银行： | 银行账号： |
| | 销方开户银行： | 银行账号： |

开票人：××

图 3-2　发票联

电子发票（专用发票）

发国票联

| | | | | | | 发票号码×× |
| | | | | | | 开票日期×× |

动态
二维码

| 购买方信息 | 名称：某平台
统一社会信用代码/纳税人识别号： | 销售方信息 | 名称：
统一社会信用代码/纳税人识别号： |

项目名称	规格型号	单位	数量	单价	金额	税率/征收率	税额
＊信息技术服务＊软件服务费＊ （返点积分）					4.72	6%	0.28
合计					¥4.72		¥0.28

| 价税合计（大写） | ⊗伍元整 | （小写）¥5 |

| 备注 | 购方开户银行： | 银行账号： |
| | 销方开户银行： | 银行账号： |

开票人：××

图 3-3　发票联

【例 3-7】依雅女装旗舰店为增值税一般纳税人。2023 年 9 月，推出使用天猫积分促销活动，凡购物满 2 000 元，旗舰店赠送天猫积分 1 000 分（折合人民币 10 元）。某买家在依雅女装旗舰店购物满 2 000 元，获得天猫积分 1 000 分。该买家使用 1 000 积分在启明星电器专营店购买一款自拍杆，价格 2 599 元。交易成功后，该买家使用抵减货款的积分，由天猫平台积分折现款补贴给启明星电器专营店（增值税一般纳税人）。天猫平台收取佣金为交易金额的 5%。

①客户收到女装后依雅女装旗舰店会计处理。

借：应收账款——某买家 2 000
　　贷：主营业务收入 1 769.91
　　　　应交税费——应交增值税（销项税额） 230.09

②依雅女装旗舰店收款扣除积分折现款时会计处理。

借：其他货币资金——支付宝 1 890
　　销售费用——佣金（2 000×5%÷1.06） 94.34
　　　　　　——天猫积分（10÷1.06） 9.43
　　应交税费——应交增值税（进项税额）[（100＋10）÷1.06×0.06]
　　　　　　　　　　　　　　　　　　　　　　　　6.23
　　贷：应收账款——某客户 2 000

需要注意的是，天猫平台扣除的返点积分（奖励积分），相当于提供扣取佣金服务的同时收取的价外费用。返点积分（奖励积分）与佣金一样适用 6% 的增值税税率，天猫平台开增值税税率为 6% 的发票给商家。

启明星电器专营店账务处理如下。

（1）客户取得货物时商家确定收入。

借：应收账款——客户 2 589
　　　　　　——天猫积分 10
　　贷：主营业务收入（2 599÷1.13） 2 300
　　　　应交税费——应交增值税（销项税额） 299

（2）收到买家实际支付货款和天猫平台补偿积分款时。

借：其他货币资金——支付宝 2 599
　　贷：应收账款——客户 2 589
　　　　　　　　——天猫积分 10

启明星电器专营店收到平台的积分折现补贴款最终用于购买商品，按 13%的增值税税率开具专用发票给天猫平台。

3.1.4　营销工具的会计核算

营销工具包括超级店长、美折促销、生意参谋、淘宝旺铺、无线模板、省油宝等。

以超级店长为例，账务处理如下。

（1）购置时，凭支付凭证与发票编制会计分录。

借：销售费用——营销工具

应交税费——应交增值税（进项税额）

贷：其他货币资金——支付宝存款（税价合计）

（2）发票的取得。现在的账房有开票入口。

【例3-8】集林旗舰店从天猫平台购入一款营销工具——超级店长，订购一个月费用为 360.40 元。

借：销售费用——营销工具 340

应交税费——应交增值税（进项税额） 20.40

贷：其他货币资金——支付宝存款 360.40

3.1.5　保险费用的会计核算

保险费用包括运费险、保无忧、质量保障险、保证金计划、大件售后保障险等。

以运费险为例，账务处理如下。

（1）支付运费险实际发生时，按销售费用核算，编制会计分录如下。

借：销售费用——运费险等

应交税费——应交增值税（进项税额）

贷：其他货币资金——＊＊支付宝

发票的取得：登录天猫网站，前往商家保障中心。单击【我的发票】，选择险种类型，选择对应的时间段，单击【查询】，勾选开票项目，单击【下一步】填写开票信息、填写完成后单击提交即可。

（2）保险理赔时，记入"营业外收入"，但多数公司会冲减"销售费用"。

3.1.6　财务手续费的会计核算

财务手续费主要包括信用卡费用、花呗、分期付款等，专指在店铺里购买商品时的信用卡手续费、花呗、分期付款，这些手续费基本上被视为财务费用，但业务上经常把它当作"销售费用"核算。

（1）账务处理如下。

借：财务费用——手续费等（＊＊店铺）

　　应交税费——应交增值税（进项税额）

　　贷：其他货币资金——＊＊支付宝（税价合计）

【例3-7】集林旗舰店购买2 712元商品，在线刷信用卡，手续费为13.56元。

借：库存商品　　　　　　　　　　　　　　　　　　　2 400

　　应交税费——应交增值税（进项税额）　　　　　　　312

　　贷：其他货币资金——支付宝　　　　　　　　　　2 712

申请专用发票，刷卡手续费账务处理如下。

借：财务费用——信用卡手续费　　　　　　　　　　　12.79

　　应交税费——应交增值税（进项税额）　　　　　　　0.77

　　贷：其他货币资金——支付宝　　　　　　　　　　13.56

（2）申请发票：以淘宝为例，在支付宝后台，前往【支付宝商家中心】→【开票信息】中按要求申请。现在账房里也有申请发票的快捷入口。收到发票时，可冲减往来款项会计科目，手续费记入"财务费用"中，其他费用记入"销售费用"中。如果没有发票，企业所得税汇算清缴时不能抵扣，届时需要调增应纳税所得额。

随着电子支付的普及，刷卡已成为人们日常消费的主要方式之一。但是，在使用信用卡或借记卡刷卡时，一般来说，商家是可以自主选择是否接受信用卡或借记卡支付。如果商家选择接受刷卡支付，那么他们应该为此支付一定的手续费。

【例3-9】某客户从集林旗舰店购买3 390元商品，客户在线刷信用卡手续费16.95元，天猫收取佣金30元，该旗舰店实际收款3 343.05元。该批商品成本为2 800元。集林旗舰店会计处理如下。

借：其他货币资金——支付宝　　　　　　　　　　　3 343.05

销售费用——天猫佣金	30
财务费用——信用卡手续费	16.95
贷：主营业务收入	3 000
应交税费——应交增值税（销项税额）	390
借：主营业务成本	2 800
贷：库存商品	2 800

企业取得相关发票，可以冲减往来款项。刷卡产生的手续费记入"财务费用"，其他费用记入"销售费用"。若未能取得发票，企业所得税汇算清缴时不能抵扣，要调增应纳税所得额。

3.1.7 天猫商家技术服务费的会计核算

天猫商家技术服务费是指天猫平台为商家提供的技术服务费用，主要包括平台技术支持、数据分析、推广服务等。

（1）提供技术支持：天猫平台为商家提供技术支持，包括技术咨询、技术培训、技术升级。

（2）数据分析：天猫平台可以通过大数据分析，为商家提供销售数据、用户行为数据等，帮助商家了解市场需求，优化产品和服务。

（3）推广服务：天猫平台可以为商家提供多种推广服务，包括搜索推广、直通车、品牌展示等，帮助商家提升店铺曝光率和销售额。

天猫商家技术服务费的收费标准是根据商家店铺的销售额来计算的，一般为销售额的一定比例。具体来说，天猫技术服务费的年费分为三个档次，分别是：

（1）销售额在 10 万元以下的商家，年费为 2 000 元。

（2）销售额在 10 万元至 100 万元之间的商家，年费为 5 000 元。

（3）销售额在 100 万元以上的商家，年费为 1 万元。

以上数据仅供参考，具体费用电商企业还要与天猫平台协商。

【例 3-10】假设 A 企业的天猫技术年费为 3 万元，扣减时账务处理分录如下。

借：其他应收款——天猫平台	30 000
贷：其他货币资金——支付宝账户存款	30 000

（1）当店铺达到协议销量的同时，天猫平台将给予返还此费用。账务处

理如下。

借：其他货币资金——支付宝账户存款   30 000

 贷：其他应收款——天猫科技有限公司   30 000

年费是次年1月退上一年的，假设年营业额达到60万元以上，退还100%年费。

（2）当店铺没有达到协议销量时，技术年费将扣减，同时需要向天猫平台申请开具技术年费的发票，收到发票后要及时进行账务处理。

借：销售费用——＊＊店铺费用——天猫技术服务费

  [30 000÷（1＋6%）]   28 301.89

  应交税费——应交增值税（进项税额）   1 698.11

 贷：其他应收款——天猫科技有限公司   30 000

3.1.8　信用贷款的会计核算

信用贷款是指以借款人的信誉发放的贷款，借款人不需要提供担保。其特征就是债务人无须提供抵押品或第三方担保仅凭自己的信誉就能取得贷款，并以借款人信用程度作为还款保证的。由于这种贷款方式风险较大，一般要对借款方的经济效益、经营管理水平、发展前景等情况进行详细的考察，以降低风险。

淘宝信用贷款申请条件如下：

（1）淘宝店铺最近6个月持续有效经营，每个月都有有效交易量，经营情况良好；

（2）诚实守信，店铺信用记录良好；

（3）店铺注册人年龄在18至65周岁，具有完全民事行为能力。

电商企业可以进入淘宝网页，在【我是电商企业】→【店铺管理】→【淘宝贷款】→【信用贷款】途径进行申请，单击【申请贷款】按钮即可。淘宝贷款，主要有订单贷款、随借随还、等本贷款、按月付息、组合贷款、信用贷款等。现以最常见的订单贷款为例，订单贷款是以"已发货未到账"的货款为基础来发放贷款，由阿里巴巴集团控股小额贷款公司提供贷款资金。

（1）发票取得。在淘宝贷款的后台，因淘宝贷款的发票没有申请入口，企业需要发票的话，财务人员只能拨打客服热线，然后由支付宝客服发来链接，上传相关资料。

（2）取得贷款时，根据贷款合同与支付宝到账回单。

借：其他货币资金——支付宝存款

  贷：短期借款——淘宝贷款

用订单货款归还时，根据支付宝还款记录与回单。

借：短期借款——淘宝贷款

  财务费用——利息

    贷：其他货币资金——支付宝存款

附：订单到账后还贷时截图如下所示。

财务流水号	商户订单号	发生时间	对方账号	支出金额	业务类型	备注
726724	96432580171	2023/2/1 11:12	*******	-1456.23	转账（到卡）	网商银行-网商贷-还款
726725	11363454397	2023/2/2 5:12	*******	-89.45	转账（到卡）	网商银行-网商贷-还款
726726	65258368638	2023/2/3 8:12	*******	-14.41	转账（到卡）	网商银行-网商贷-还款
726727	45239154353	2023/2/4 9:12	*******	-33.75	转账（到卡）	网商银行-网商贷-还款

订单贷款时的特殊情况：主账号放款到关联支付宝，然后由主账号还贷款，此种情况较为常见，一般是作为一种资金的账务处理方式。

（1）店铺主账号先放款到店铺关联支付宝上，根据支付宝账单上的放款记录。

借：其他货币资金——关联支付宝账号

  贷：短期贷款——天猫＊＊店网商贷

（2）买家确认后，订单货款回到主账号上立即被扣除，根据支付宝账单中扣款记录。

借：短期贷款

  贷：其他货币资金——天猫＊＊支付宝（主账号）

3.1.9 快递费用的会计核算

一般来说，有些企业快递费按月支付，而有些企业按季度支付，按季度支付的企业在会计处理上要预提。

（1）计提时，根据 ERP 内的快递费金额，或与快递公司对账金额，账务处理如下。

借：销售费用——快递费

  贷：其他应付款——快递公司

（2）实际支付快递费用时。

借：其他应付款——快递公司

贷：银行存款

需要注意的是，收取买家快递费时，按混合销售处理，视同销售，增值税率13%。

借：应收账款——店铺

贷：主营业务收入——店铺

应交税费——应交增值税（销项税额）

企业销售商品不可避免涉及快递费的收取，大多数情况下，企业规定顾客承担快递费，即不包邮。企业向顾客单独收取的快递费金额与快递公司最后结算的快递费之间往往存在差额。

《中华人民共和国增值税暂行条例实施细则》第十二条，"条例第六条第一款所称价外费用，包括价外向购买方收取的手续费、补贴、基金、集资费、返还利润、奖励费、违约金、滞纳金、延期付款利息、赔偿金、代收款项、代垫款项、包装费、包装物租金、储备费、优质费、运输装卸费以及其他各种性质的价外收费。但下列项目不包括在内：

（一）受托加工应征消费税的消费品所代收代缴的消费税。

（二）同时符合以下条件的代垫运输费用：

1. 承运部门的运输费用发票开具给购买方的；

2. 纳税人将该项发票转交给购买方的。"

【例3-11】某网店销售一款XJ型电饭锅，含税价格361.60元，快递费14元。某买家通过支付宝支付给该网店的总价为361.60元，与快递公司有结算价格协议。假设网店货物的快递结算价格是12元，那么多获取的差价2元。

（1）客户确认收货，收到客户支付宝账户划拨的款项。

借：其他货币资金——支付宝账户存款　　　　　　　361.60

贷：主营业务收入——商品　　　　　　　　　　　307.61

　　　　　　　　——快递费［14÷（1+13%）］　　12.39

应交税费——应交增值税（销项税额）　　　　41.60

快递费与商品捆绑，增值税率要按13%核算。快递费14元，即不含税价12.39元［14÷（1+13%）］

（2）与快递公司结算快递费时。

借：主营业务成本——快递费［12÷（1+6%）］　　　11.32

应交税费——应交增值税（进项税额）　　　　　　0.68

贷：银行存款　　　　　　　　　　　　　　　　　　　　12

如果企业没有单独收取快递费，由自己承担快递费用，向快递公司支付的快递费可确认为销售费用。

3.1.10 退换货快递费账务处理

电商企业销售商品后，由于顾客缺乏实体店的体验，收到商品容易导致一定量的退换货情况发生。如果电商企业承诺客户可以无条件退换货，那么客户就可能通过快递公司将货物退还企业。这时企业便无法取得抬头为本企业名称的快递发票，且还需要将快递费补偿给消费者。在这种情况下，该如何处理快递费？

比较大的网店可以根据经验来估算退换货概率，考虑是否需要将其计提为预计负债；如果确认预计负债，那么同时需要记入销售费用中，会计分录如下。

（1）期末计提时。

借：销售费用

　　贷：预计负债

（2）实际发生退换货快递费时。

借：预计负债

　　贷：银行存款

对于刚成立的企业或是不太规范的中小电商来说，可以简化处理。在实际发生退换货快递费时，账务处理如下。

借：销售费用

　　贷：银行存款

【例3-12】2023年1月3日，某网店售出一件商品，含税价格为1 582元。该网店与快递公司有协议结算价格。假设该网店货物的快递结算价格为20元。

（1）货款入账后，会计处理如下。

借：其他货币资金——支付宝账户存款　　　　　　　　　　1 582

　　贷：主营业务收入——商品　　　　　　　　　　　　　1 382.30

　　　　　　　　　　——快递费 [20÷（1+13%）]　　　　 17.70

　　　　应交税费——应交增值税（销项税额）　　　　　　　182

（2）当快递公司增值税税率为9%（邮政服务）。

借：主营业务成本——快递费　　 [20÷（1+9%）]　　　　 18.35

　　应交税费——应交增值税（进项税额）　　　　　　　　　1.65

$\qquad\qquad$ 贷：银行存款 $\qquad\qquad\qquad\qquad\qquad\qquad\qquad\qquad$ 20

（3）当快递公司增值税税率为 6%（收派服务采用 6% 税率）。

$\quad$ 借：主营业务成本——快递费　[20÷（1+6%）]　　　18.87

$\qquad$ 应交税费——应交增值税（进项税额）　　　　1.13

$\qquad\qquad$ 贷：银行存款 $\qquad\qquad\qquad\qquad\qquad\qquad\qquad\qquad$ 20

3.2　电商企业发票管理

《中华人民共和国电子商务法》第十四条规定，"电子商务经营者销售商品或者提供服务应当依法出具纸质发票或者电子发票等购货凭证或者服务单据。电子发票与纸质发票具有同等法律效力。"买家在网上平台购买商品之后，只要订单没有开具过发票，都可以申请开票，电商企业必须要履行开票义务。

电商企业与传统企业开具发票也有很大不同，电商企业需要向平台申请开票。以淘宝为例，淘宝根据费用的类别，开票入口有所不同。

3.2.1　开具发票的相关规定

《国家税务总局关于推广应用全面数字化电子发票的公告》（国家税务总局公告 2024 年第 11 号）（以下简称国家税务总局公告 2024 年第 11 号）自 2024 年 12 月 1 日起施行，在全国正式推广应用数电发票。

国家税务总局公告 2024 年第 11 号第一条规定："数电发票是《中华人民共和国发票管理办法》中'电子发票'的一种，是将发票的票面要素全面数字化、号码全国统一赋予、开票额度智能授予、信息通过税务数字账户等方式在征纳主体之间自动流转的新型发票。数电发票与纸质发票具有同等法律效力。第二条规定："数电发票为单一联次，以数字化形态存在，类别包括电子发票（增值税专用发票）、电子发票（普通发票）、电子发票（航空运输电子客票行程单）、电子发票（铁路电子客票）、电子发票（机动车销售统一发票）、电子发票（二手车销售统一发票）等。数电发票可以根据特定业务标签生成建筑服务、成品油、报废产品收购等特定业务发票。（样式见附件1）"第三条规定："数电发票的票面基本内容包括：发票名称、发票号码、开票日期、购买方信息、销售方信息、项目名称、规格型号、单位、数量、单价、金额、税率/征收率、税额、合计、价税合计、备注、开票人等。"

1. 数电发票的特点

（1）授信制。税务机关根据纳税人的税收风险程度、纳税信用级别、实际经营情况等因素，通过电子发票服务平台授予发票总额度，并实行动态调整。发票总额度，是指一个自然月内，纳税人发票开具总金额（不含增值税）的上限额度。

纳税人因实际经营情况发生变化需要调整发票总额度的，经主管税务机关确认后予以调整。

（2）开票便捷化。不再需要金税盘、税控盘等专用设备；无须预先申领特定种类的发票。

（3）平台统一开具。单位和个人可以登录自有的税务数字账户、个人所得税 App，免费查询、下载、打印、导出已开具或接受的数电发票；可以通过税务数字账户，对数电发票入账与否打上标识；可以通过电子发票服务平台或全国增值税发票查验平台，免费查验数电发票信息。

（4）票面样式标准化与简化。数电发票的数据要素是标准化的，但不再有固定版式，可以根据业务需要自行展示所需字段。

（5）标签化。票面左上角会有标签，如建筑服务、成品油、报废产品收购、旅客运输服务、货物运输服务、不动产销售、不动产经营租赁服务、农产品收购、光伏收购、代收车船税、自产农产品销售、差额征税、机动车、二手车、代开发票、通行费、医疗服务、拖拉机和联合收割机、稀土等特定业务发票。

（6）自动交付。开票成功后，系统会自动将发票数据发送给购买方（通过其税务数字账户）。企业可以下载 PDF、OFD 等版式文件，自行通过邮件、短信、社交软件等方式发送给购买方。

（7）数据自动归集：购买方的税务数字账户会自动收到并归类所有取得的数电发票，极大方便了后续的勾选抵扣和入账。

2. 开错数电发票的处理

数电发票一旦开具，不存在"作废"概念。无论当月还是跨月，只要发生开票有误、销货退回、服务中止或销售折让等情况，一律通过开具红字发票来处理。

国家税务总局公告 2024 年第 11 号第八条规定："蓝字数电发票开具后，如发生销售退回（包括全部退回和部分退回）、开票有误、应税服务中止（包括全部中止和部分中止）、销售折让等情形的，应当按照规定开具红字数电发票。（一）蓝字数电发票未进行用途确认及入账确认的，开票方发起红冲流程，并直接开具红字数电发票。农产品收购发票、报废产品收购发票、光伏收购发票等，无论是否进行用途确认或入账确认，均由开票方发起红冲流程，并直接开具红字数电发票。（二）蓝字数电发票已进行用途确认或入账确认的（用于出口退税勾选和确认的仍按现行规定执行），开票方或受票方均可发起红冲流程，并经对方确认《红字发票信息确认单》（以下简称《确认单》，见附件 2）后，由开票方开具红字数电发票。《确认单》发起后 72 小时内未经确认的，自动作废。若蓝字数电发票已用于出口退税勾选和确认的，需操作进货凭证信息回退并确认通过后，由开票方发起红冲流程，并直接开具红字数电发票。受票方已将数电发票用于增值税申报抵扣的，应暂依《确认单》所列增值税税额从当期进项税额中转出，待取得开票方开具的红字数电发票后，与《确认单》一并作为记账凭证。"

3.2.2　发票取得的渠道与申请

平台电商会根据店铺主体的纳税人类型、平台开票主体，确认开具的发票是电子发票或纸质发票。如申请的是电子发票，申请后可以在【账房】→【发票管理】→【申请发票】→【申请记录】中下载电子发票。

若店铺主体公司的纳税人类型是一般纳税人，平台默认开具增值税专用发票；若店铺主体公司的纳税人类型为小规模纳税人和个人，平台默认开具增值税普通发票。

针对增值税普通发票，平台默认的是开电子发票；若需要纸质发票可以修改发票介质（若页面没有修改入口，说明不支持修改发票介质）。

（1）以淘宝为例，淘宝电商企业如需申请发票，于每个月 11 日之后，进入【账房】→【发票管理】→【申请发票】→【待申请发票】，选择需要申请的账单日期提交即可，界面如下所示。

（2）发票申请后，平台会在 10 个工作日内会安排发票寄出，届时可以到【账房】→【发票管理】→【申请发票】→【已申请发票】查询邮寄运单号，运费不用商家承担。

我是商家							
待申请发票（0）	已申请发票（32）						

温馨提示
根据您申请的发票类型，开具日期会有不同：
如您申请的是电子发票或收据，系统审核通过之后即刻开具，请稍后【正常情况下15分钟】在【已申请发票】页面下载；
如您申请的是纸质发票，预计在10天内开具并寄出【如遇节假日顺延】，成功寄出后，您可在【已申请发票】，点击"查看
详情"，进入【发票详情】页面查看快递信息。平台统一通过EMS寄出，你可根据显示的快递号去到EMS官网查询（由于同步
延迟，可能要等待1到2天才能查到）。

业务类型		申请时间		发票号码		服务市场订购单号	
账单编号							
申请时间	申请状态	业务类型	购方抬头	开票公司	发票类型	发票号码	发票总金额（元）
2023/3/8	已退票	技术年费	浙江天猫技术有限公司	浙江天猫技术有限公司	增值税普通发票电子	****	****

（3）服务市场订购的官方工具，只能申请已使用期间的发票（例如：订购半年的推广工具，当前只用了一个月，只能申请一个月的发票服务，在使用后的第三个月才能进行申请）。例如，10月20日订购此类服务，则需要12月11日到账房申请。

以下介绍各类产品开票流程。

（1）天猫佣金、技术服务年费、返点积分、聚划算等费用开票流程：

【账房】→【发票管理】→【申请发票】→【我要申请】→【账单】→【提交申请】

（2）淘宝旺铺、生意参谋等申请发票流程：

【我要申请】→【账单】→【提交申请】

账房	商家	服务商						
总体情况								
收支查询	我是商家	待申请发票（189）		已申请发票（345）				
账户信息	温馨提示							
发票管理	根据您申请的发票类型，开具日期会有不同；							
开票信息	如您申请的是电子发票或收据，系统审核通过之后即刻开具，请稍后（正常情况下15分钟）在【已申请发票】页面下载；							
邮寄地址	如您申请的是纸质发票，预计在10天内开具并寄出（如遇节假日顺延）。成功寄出后，您可在【已申请发票】找到申请，单击【查看							
申请发票	详情】，进入【发票详情】页面查看快递信息。							
开具发票	业务类型	申请时间	发票号码	服务市订购单号	账单编号			
查询税收率	申请时间	申请状态	业务类型	购方抬头	开票公司	发票类型	发票号码	发票总金额（元）	操作
商家对账	2023/2/21 9:50	已申请	返点积分	***	***	增值税普通发票	***	***	查看详情
函证	2023/2/22 17:00	已申请	直通车	***	***	增值税普通发票	***	***	查看详情
	2023/2/23 9:32	已申请	钻展	***	***	增值税普通发票	***	***	查看详情

（3）非账房提供的发票。

电商企业可以通过账房中的快捷入口直接访问或者对应的页面申请。例如，申请花呗、花呗分期、信用卡服务费发票。单击【支付宝服务费发票申请】；申请退货运费险电商企业版等保险类发票，单击【保险费用发票申请】；申请公益宝贝的发票，单击【公益宝贝发票申请】；申请生意参谋物流费用发票，单击【菜鸟物流费用发票申请】。

注意：每年的5月31日之后就无法申请上一年度的发票了，要及时提交

发票申请。

3.2.3　开具发票要注意的事项

在实务中，买家下单购买多件商品是常事，增值税发票的版面最多可以添加8行，超过8行时，就需要用到增值税发票清单。

开具专用发票及清单过程中，注意以下事项：

（1）项目齐全，与实际交易相符，且字迹清楚，不得压线、错格；

（2）开票人和复核人不要为同一人；

（3）清单是发票附件，在确认开具清单后，发票版面上的货物或服务名称则显示为"详见销货清单"，金额和税额则与清单的汇总数一致，且不超过该版本发票的最大金额限额；

（4）打印清单需要用"增值税应税货物或劳务销货清单"专用纸，一式三联，其中第一联自用，第二联和第三联需要加盖财务专用章或者发票专用章并随同发票一起寄送给客户；

（5）一份清单专用纸最多可以打印25行商品信息，超过25行则需用到多份清单专用纸来打印；

（6）清单上会显示购货方、销货方名称，发票版本代码和发票号码，与发票版面上相对应；

（7）打印清单时需正确放置正反面，如果放错，则二、三联无复写效果；

（8）清单打印如果发生错误，可重新打印，不影响发票的使用。

所以，对于增值税专用发票的清单，政策明确规定必须从上述新系统开具，自己用 Excel 或者公司销货系统打印出来的清单无论使用 A4 纸或者特殊无碳复写纸都是不合规的。开票方会面临不按规定开票的处罚；受票方接收不合规发票，则面临不得抵扣，以及不能税前扣除的税务风险。

购货方应索取销货清单一式两份，分别附在发票联和抵扣联之后。没有附销售清单或虽附销售清单但存在项目填写不全、未盖财务专用章或发票专用章等问题的增值税专用发票不能税前抵扣。

销售货物或者提供应税劳务、服务清单样式如图 3-4 所示（仅供参考）。

发票销货清单的规定如下：

（1）对销售货物品种较多，又是同一购货方的，可按不同税率分别汇总填开增值税专用发票，汇总填开的增值税专用发票可不填"商品或劳务名称""计量单位""数量""单价"，只需在增值税专用发票的"商品和劳务名称"栏写上"详附销货清单"。

销货单位：

销售货物或者提供应税劳务、服务清单

		发票代码	
		发票号码	

购货单位：　　　　　　　　　　　　　　　　　　　　　　　　　　　　　　　　　　　开票日期：年 月 日

名称		纳税人登记号	
地址、电话		开户银行及账号	

序号	商品或商务名称	计量单位	数量	单价	金额									税率（%）	税额							
					百	十	万	千	百	十	元	角	分		百	十	万	千	百	十	元	角	分
1																							
2																							
3																							
4																							
5																							
6																							
7																							
合计																							
价税合计（大写）					佰	拾	万	仟	佰	拾	元	角	分		￥								

制单人：

注：本附单一式三份，销货单位一份、购货单位二份。

图 3-4　销售货物或者提供应税劳务、服务清单

（2）"销货清单"中每项商品或应税劳务的销售额和税额之合计数，必须分别和增值税专用发票的销售额和税额相一致；增值税专用发票填开日期和内容及税率必须同"销货清单"相一致。

（3）"销货清单"上需填明购货单位（全称），地址，增值税专用发票号码，纳税人登记号。

3.2.4　发票未通过审核或发票异常的解决办法

发票未通过平台审核或发票异常的解决办法见表3-2。

表 3-2　发票未通过审核或发票异常的解决办法

审核未通过原因	具体解析	操作指引
验真失败	在发票开票系统中查看是否已报送。如未进行报送，先进行报送	发票在报送税务局之后，同步需要2天左右，系统会自动更新发票审核状态
发票未盖章、盖错章	发票请务必盖章，且只盖发票专用章，不支持财务专用章、公章等	在【账房】→【已开具发票信息】，单击查看详情后直接单击【申请退票】。平台在退票申请后10个工作日内退回发票，电商企业在收到发票后，重新盖章开具正确的发票邮寄给到天猫
缺失联次（缺少发票联、抵扣联）	可能原因是： 1. 缺少发票联、抵扣联 2. 如果是存在邮寄的纸质发票丢失的情况，只提供了记账联复印件，但未提供一式两份	缺少发票联、抵扣联的情况：在【账房】→【待处理记录】，单击查看详情后直接点击【补开发票】，请将对应的发票联、抵扣联提供给到平台
发票金额小于申请金额	收到的发票金额小于登记的账单金额	在【待处理记录】单击【查看详情并处理】选择上传发票，补开发票，使发票金额＝开票总金额 审核时间：自收到发票之日起，40个工作日内进行审核（平台不同，审核日期也会有所不同）
发票金额大于申请金额	开具的发票合计的含税金额，大于提交的账单对应的发票金额	在【账房】→【待处理记录】，单击查看详情后，再单击【申请退票】，重新开票邮寄，并在后台重新提交账单

审核未通过原因	具体解析	操作指引
购方税号、名称开错	发票购方信息有误	在【账房】→【待处理记录】，单击查看详情后，直接单击【补开发票】
销方名称不一致	1. 销方（即开票方）：需要对应开票账期，店铺实际生效的公司主体 2. 店铺主体变更前主体为A，主体变更后主体为B，则在主体变更前的积分发票账期需以 A 主体开票	在【账房】→【开具发票】，单击【申请退票】，并重新给天猫开具发票
票面不清楚、缺失、错误	1. 电子发票上传了错误的文件，导致审核失败 ①单击【查看详情并处理】，详情中发票金额显示：1元 异常原因：票面不清楚、缺失、错误 ②单击【查看详情并处理】，详情中发票号码显示：发票文件错误，请重新下载电子发票 异常原因：票面不清楚、缺失、错误 2. 纸质发票票面缺失或者不清楚可能原因是发票票面打印严重错位或者发票票面号码不一致	1. 电子发票上传了错误的文件，导致审核失败的情况：可以单击【退票重开】，重新提交发票 2. 纸质发票票面缺失或者不清楚的情况：商家可查看留存的记账联判断原因，发票票面号码不一致，示例如下，单击退票，并核对退票地址。同时需要重新开具发票邮寄至天猫发票组
发票已红冲作废	作废或者红冲发票，导致平台无法进行认证	单击【查看详情并处理】，选择【退票重开】，并重新勾选账单提交发票信息

以上解决方法仅供参考。

3.2.5 如何修改开票信息

如果税号、营业执照、电话、开户银行、账号、纳税人类型需要修改，具体流程如下。

（1）发票抬头（公司名称）修改。

一是已取得工商局的核准变更证明；二是在取得证明后，登录店铺资质管理界面：【店铺】→【店铺信息】→【店铺资质管理】→【有效证照】→【更新营业执照信息】；三是营业执照信息审核通过为最新后，需等待 24 小时，再登录【账房】→【发票管理】→【基础信息】→【发票抬头】，单击【修改】，系统读取最新的公司名称，单击确认之后，系统即可自动校验通过最新抬头。

（2）修改税号、营业执照、电话和开户银行、账号、纳税人类型。

在【千牛工作台】→【财务】→【基础信息】→【发票抬头】，单击【修改】，直接修改需要更改的信息，然后单击保存即可。

需要注意的是，账房中商家工具若出现负数发票，一是由于对应业务已经退款；二是由部分商家营销工具开始免费，淘宝主动退款到当时订购的支付宝账户。因此，为了保持收支金额和发票金额一致，故产生一笔负数发票账单。

（3）负数发票处理过程如下：

在【账房】→【发票管理】→【申请发票】→【已申请发票】，输入提醒中的订单号，单击【查询】，找到一张发票金额大于负数账单金额的发票进行退票。

3.2.6　退票处理

在淘宝【账房】→【发票管理】→【申请发票】→【已申请发票】，输入发票号，单击【查询】后，单击【退票】。退票分为电子发票退回和纸质发票退回。

1. 电子发票退回处理流程

电子发票在网上直接处理，无须退回。在【账房】→【发票管理】→【申请发票】→【已申请发票】里选择对应的发票，单击【退票】，填写退票原因并提交申请，系统会进行处理。

2. 纸质发票退回流程

进入【账房】→【发票管理】→【申请发票】→【已申请发票】，单击【退票】，将纸质发票邮寄退回平台。

（1）若发票暂未被认证，需要邮寄原票（专用发票：发票联＋抵扣联；普通发票：发票联），附上纸质说明书。

（2）若发票已经被认证，需要将整张发票金额进行红冲，并将发票复印件、红字信息表打印纸、纸质说明书邮寄给平台（不支持仅红冲部分金额）。

退票成功后，需重新在【账房】→【发票管理】→【申请发票】页面重新提交开票申请。

天猫佣金、返点积分、技术年费、聚划算、淘抢购、API、粉丝趴、导购宝佣金、无线视频、店铺升级服务费、钻展、如意投、直通车、生意参谋、数据魔方、量子恒道、淘宝旺铺、子账号业务等发票红冲处理方式：天猫会重新开启开票入口，可在天猫签收退票 15 天后在账房后台重新申请开具。（如退回的发票账单属于上一年度，由于每年的 5 月 31 日之后商家无法在账房自行提交上一年的发票申请，因此请谨慎退票）

3.2.7　发票滞后如何记账

当月支付宝已经扣费，但电商企业未收到发票，账务处理有两种方法：一是直接做账，费用当月确认，等下月发票到了再粘贴到凭证后面；二是先记入"合同资产"科目，等下月收到发票后，再确认费用。

以天猫为例：

（1）方法一，直接做账，费用当月确认。

借：销售费用

　　应交税费——应交增值税（销售税额）

　　　贷：其他货币资金——支付宝＊＊账号

（2）方法二：先记入"合同资产"科目等。

A. 支付宝扣款时，根据支付宝账单。

借：合同资产——支付宝账扣款——＊＊店铺

　　　贷：其他货币资金——支付宝＊＊账号

B. 次月收到发票后。

借：销售费用——天猫佣金

　　应交税费——应交增值税（进项税额）

　　　贷：合同资产——支付宝扣款——店铺

发票滞后两种方法的优缺点见表 3-3。

表 3-3　发票滞后两种方法的优缺点

方　式	优　　点	缺　　点	适用范围
方法一	每月根据发票记账，合法合规	本月被扣的费用，要到下月收到发票时才被确认	经常被财务公司使用
方法二	本月费用本月确认，本月利润真实	本月凭证没有发票，要等到下月	公司的内部管理账用得较多

第4章
入驻平台电商不同促销方式的会计核算

与传统销售方式相比，电商企业的促销方式更加多样，包括价格折扣、满额优惠、赠送礼品、赠送优惠券、免运费、送积分等各种促销行为。

4.1　常见的促销方式

本节主要介绍价格折扣、满额即减、满赠、买一赠一等交易方式的会计处理。

4.1.1　与促销行为相关的政策规定

《规范促销行为暂行规定》（2020 年 10 月 29 日国家市场监督管理总局令第 32 号公布）规定：

"**第五条**　经营者开展促销活动，应当真实准确，清晰醒目标示活动信息，不得利用虚假商业信息、虚构交易或者评价等方式作虚假或者引人误解的商业宣传，欺骗、误导消费者或者相关公众（以下简称消费者）。

....

第十三条　经营者在有奖销售前，应当明确公布奖项种类、参与条件、参与方式、开奖时间、开奖方式、奖金金额或者奖品价格、奖品品名、奖品种类、奖品数量或者中奖概率、兑奖时间、兑奖条件、兑奖方式、奖品交付方式、弃奖条件、主办方及其联系方式等信息，不得变更，不得附加条件，不得影响兑奖，但有利于消费者的除外。

第十四条　奖品为积分、礼券、兑换券、代金券等形式的，应当公布兑换规则、使用范围、有效期限以及其他限制性条件等详细内容；需要向其他经营者兑换的，应当公布其他经营者的名称、兑换地点或者兑换途径。

第二十条　经营者开展价格促销活动有附加条件的，应当显著标明条件。经营者开展限时减价、折价等价格促销活动的，应当显著标明期限。

第二十一条　经营者折价、减价，应当标明或者通过其他方便消费者认知的方式表明折价、减价的基准。

未标明或者表明基准的，其折价、减价应当以同一经营者在同一经营场所内，在本次促销活动前七日内最低成交价格为基准。如果前七日内没有交易的，折价、减价应当以本次促销活动前最后一次交易价格为基准。

第二十二条　经营者通过积分、礼券、兑换券、代金券等折抵价款的，应当以显著方式标明或者通过店堂告示等方式公开折价计算的具体办法。

未标明或者公开折价计算具体办法的，应当以经营者接受兑换时的标价作为折价计算基准。"

4.1.2　价格折扣的会计处理

价格折扣被电商企业广泛使用，具体包括吊牌价格、一口价、零售价、商业折扣价等，其中商品折扣价名目繁多，如大促价、清仓价、新品让利价、冲冠促销价等，不管价格怎么复杂，最后的成交价才是实际价格。财务人员对实际交易价格做账，对高于实际交易价格的那部分金额，财务上不作处理。

折扣促销时会计分录：

借：其他货币资金——支付宝存款（实际收到的金额）

　　贷：主营业务收入

　　　　应交税费——应交增值税（销项税额）

【例 4-1】佳兴食品旗舰店在天猫设专卖店进行网上销售，"五一期间"对所列商品实行半价出售。天津华安商厦有限公司购买一批咖啡，原价 37 018.80 元，现价 18 509.40 元，其会计处理应当按照折扣后售价 18 509.40 元处理，该批咖啡成本价为 15 970.80 元。收到货款并开具发票，如图 4-1 所示。会计分录如下：

借：其他货币资金　　　　　　　　　　　　　　　　18 509.40

　　贷：主营业务收入　　[18 509.40÷（1+13%）]　　16 380

　　　　应交税费——应交增值税（销项税额）　　　　2 129.40

同时结转成本。

借：主营业务成本　　　　　　　　　　　　　　　　15 970.80

　　贷：库存商品　　　　　　　　　　　　　　　　15 970.80

动态二维码		电子发票（专用发票）				发票号码：××××	
		发票联				开票日期：2025年5月1日	

电子发票（专用发票）　　发票号码：××××

发票联　　开票日期：2025年5月1日

购买方信息	名称：天津华安商厦有限公司 统一社会信用代码/纳税人识别号：	销售方信息	名称：佳兴食品旗舰店 统一社会信用代码/纳税人识别号：

项目名称 规格型号	单位	数量	单价	金额	税率/征收率	税额
销售货物＊咖啡	瓶	100	327.60	32 760	13%	4 258.80
				−16 380		−2 129.40
合计				￥16 380		￥2 129.40
价税合计（大写）	⊗壹万捌仟伍佰零玖元肆角				（小写）￥18 509.40	
备注	购方开户银行： 销方开户银行：	银行账号： 银行账号：				

开票人：××

图 4-1　发票联

4.1.3　"满额即减"的会计处理

"满额即减"是指当买家购买金额达到一定数额后，电商企业给予一定的折扣。例如，满 100 元减 2 元，满 200 元减 10 元等。由于该种促销方式的扣减金额与销售额在一张发票上反映，因此，会计处理应当视为销售折扣，按照抵减后的金额开具销售额确认销售收入。

【例 4-2】某鞋类品牌公司在天猫专卖店推出"满 600 减 50，满 1 000 减 100 元"的优惠活动。某买家购买两款皮鞋，价款共计 1 230 元，扣减 100 元后买家实际支付 1 130 元。

该公司相应的会计处理如下：

借：其他货币资金　　　　　　　　　　　　　　　　1 130

　　　　贷：主营业务收入　　　　　　　　　　　　　　　　　　　　　1 000

　　　　　　应交税费——应交增值税（销项税额）　　　　　　　　　130

　　当然，由于买家为达到限额要求，往往购买多种产品，关于不同种类产品的计价，一般按照商品的公允价值比例确认销售收入。

　　【例4-3】某买家从淘宝吉祥鸟店铺购买AB两种商品，A商品300元，B商品180元，捆绑销售价格450元。则该店铺确认AB商品的价格：

　　A商品价格＝300÷480×450＝281.25（元）

　　B商品价格＝450－281.25＝168.75（元）

　　账务处理有两种方法：若是购买多件同一种商品，按实际付款价格核算；若是不同种类的商品，一般按照商品的公允价值比例确认销售收入。

4.1.4　"满赠"的会计处理

　　"满赠"通常是达到商家设定的目标金额赠送商品或优惠券等活动，如满300元赠棉袜一双，或者满500元赠一张30元优惠券等。"满赠"分两种方式，一是满赠商品；二是满赠优惠券。

1. 满赠商品

　　满赠商品视同销售，商品与赠品的销售价格，按市场价值合理分摊，赠送的商品需要向消费者提供发票。赠送优惠券是指买家在购物前赠送一定金额的购物券抵减购买价款的促销行为，或者买家购物后赠送一定金额的购物券，等待买家在以后任一期间或特定期间再次购物时使用的促销行为。

　　【例4-4】吉祥鸟服装店规定购物金额达到300元可免费赠送一双棉袜。某买家购买一件毛衣，价格300元，符合店铺满赠条件，棉袜市场价格5元。

　　毛衣的销售价格＝300×［300÷（300＋5）］＝295.08（元）

　　棉袜的销售价格＝300×［5÷（300＋5）］＝4.92（元）

　　借：应收账款　　　　　　　　　　　　　　　　　　　　　　　　300

　　　　贷：主营业务收入——毛衣　　　　　　　　　　　　　　261.13

　　　　　　　　　　　　　——棉袜　　　　　　　　　　　　　　　4.35

　　　　　　应交税费——应交增值税（销项税额）　　　　　　　　34.52

2. 满赠优惠券

　　满赠优惠券实际上是电商企业的一种促销方式，相当于二次购买的一种优惠，赠送时财务上不作处理，视同商业折扣，财务上也不登记。店铺后台的优惠券领用情况，系统都有记录。

对于在买家购物前赠送的购物券，天猫众多品牌专卖店都有开展"收藏门店送 10 元购物券活动，拍前店面领用抵用券，拍后直接抵现金。这种赠送只限于本店铺，属于商业折扣的性质，按扣除抵用券后的金额入账。

对于购物之后赠送买家的优惠券，存在两种会计处理方式：

第一种是赠送优惠券时不做会计处理，待买家再次购物使用时将其作为销售费用，按照商品销售原价确认销售收入与增值税销项税额；

第二种是遵循谨慎性原则，按照所赠购物券金额先确认销售费用，同时贷记"预计负债"，待买家使用优惠券时冲减预计负债，对于未使用的购物券则冲减当期销售费用。

【例 4-5】 2023 年元旦，某天猫专卖店向购买过其商品的前 10 000 名顾客赠送优惠券，每张 10 元。某顾客再次购买其商品时使用了该优惠券，优惠券抵减后支付 474.60 元。

第一种财务处理方法：发放优惠券时不做账，使用优惠券时做账。

借：其他货币资金——支付宝   474.60

    销售费用   10

    贷：主营业务收入   428.85

        应交税费——应交增值税（销项税额）   55.75

第二种财务处理方法：

（1）先将赠送优惠券记入"预计负债"科目。

借：销售费用   100 000

    贷：预计负债   100 000

（2）某客户使用一张优惠券时冲减预计负债。

借：其他货币资金——支付宝   474.60

    预计负债   10

    贷：主营业务收入   428.85

        应交税费——应交增值税（销项税额）   55.75

（3）假如到期未使用的优惠券 3 000 元，进行账务处理。

借：预计负债   3 000

    贷：销售费用   3 000

4.1.5 "买一赠一"的会计处理

"买一赠一"指的是当买家购买商品时，企业赠送一件同类商品或非同类商品，是企业的一种促销手段。"买一赠一"主要有两种方式：即"买一赠一"与"买A赠B"，被赠商品，不管是同类商品还是其他商品，全部视同销售。

"买一赠一"是一种打折，按商业折扣处理。买A赠B是捆绑销售，全部按销售处理。由于企业无偿赠送商品应当视同销售，但关于该种促销方式中的赠品是否属于无偿赠送相关文件并没有明确规定，导致会计核算与税务处理也会有所差异。

根据《国家税务总局关于确认企业所得税收入若干问题的通知》（国税函〔2008〕875号）规定，企业以"买一赠一"等方式组合销售本企业商品的，不属于捐赠，应将总的销售金额按各项商品的公允价值的比例来分摊确认各项的销售收入。该项规定虽然只适用于企业所得税，并不适用于增值税的计算，但买赠行为并不属于无偿赠送，赠品是商品销售的重要组成部分，并不是独立行为，不能按照无偿赠送处理。

根据《中华人民共和国增值税暂行条例实施细则》第四条第八款规定：将自产、委托加工或购买的货物无偿赠送他人的行为应视同销售，因此，应缴纳增值税。

【例4-6】深圳天一灶具有限公司（增值税一般纳税人）以"买一赠一"的方式销售商品，规定购买一部XL型号灶具可获赠一个大容量蒸锅。灶具出厂价格2 486元（含增值税），成本价格为1 800元；大容量蒸锅出厂价格56.50元，成本价格50元。当月该灶具厂向天津华安商厦销售组合灶具蒸锅1 000套，收入2 486 000元。根据发票（如图4-2所示）及相关原始凭证进行账务处理。

XL型号灶具应确认的销售收入＝2 486 000÷（1＋13%）×

[2 486÷（2 486＋56.50）]

＝2 156 000（元）

大容量蒸锅应确认的销售收入＝2 486 000÷（1＋13%）－2 156 000

＝44 000（元）

借：银行存款   2 486 000

 贷：主营业务收入——XL型号灶具   2 156 000

——大容量蒸锅		44 000
应交税费——应交增值税（销项税额）		286 000

同时结转成本。

借：主营业务成本——XL 型号灶具　　　　　　　　　1 800 000

　　贷：库存商品　　　　　　　　　　　　　　　　　　　　　　1 800 000

借：主营业务成本——大容量蒸锅　　　　　　　　　　50 000

　　贷：库存商品　　　　　　　　　　　　　　　　　　　　　　50 000

动态二维码	电子发票（专用发票） 发 票 联	发票号码：04566124 开票日期：2023 年 7 月 1 日

购买方信息	名称：天津华安商厦 统一社会信用代码/纳税人识别号：				销售方信息	名称：深圳天一灶具有限公司 统一社会信用代码/纳税人识别号：		

项目名称	规格型号	单位	数量	单价	金额	税率/征收率	税额
XL 型灶具		台	1 000	2 200	2 200 000	13%	286 000
大容量蒸锅		台	1 000	50	50 000	13%	6 500
					—50 000		—6 500
合计					¥2 200 000		¥286 000

价税合计（大写）	⊗贰佰肆拾捌万陆仟元整	（小写）¥2 486 000

备注	购方开户银行： 销方开户银行：	银行账号： 银行账号：

开票人：××

图 4-2　发票联

【例 4-7】佐依阁旗舰店于 2023 年 3 月 2 日采购 1 000 个荷包，每个荷包成本价格 20.34 元，期间来店消费的女性消费者购买一件风衣皆赠送一个荷包。每件风衣的销售价格 452 元，成本价格 234 元。

（1）购进 1 000 个荷包时。

借：库存商品　　　　　　　　　　　　　　　　　　　18 000

$$应交税费——应交增值税（进项税额） \qquad 2\,340$$
$$贷：银行存款 \qquad 20\,340$$

（2）计算风衣与荷包的销售价格。

确认风衣的销售价格＝452×［452÷（452＋20.34）］＝433.92（元）

风衣不含税价格＝433.92÷（1＋13％）＝384（元）

确认荷包的销售价格＝452－433.92＝18.08（元）

荷包不含税价格＝18.08÷（1＋13％）＝16（元）

当期销售 1 000 件风衣，会计处理如下。

借：其他货币资金   452 000

  贷：主营业务收入——风衣   384 000

       ——荷包   16 000

    应交税费——应交增值税（销项税额）   52 000

同进结转成本：

借：主营业务成本——风衣   234 000

     ——荷包   20 340

  贷：库存商品   254 340

需要注意的是，销售业务中的赠品（即买赠）与其他场景中的赠品区别：根据《财政部 税务总局关于个人取得有关收入适用个人所得税应税所得项目的公告》（财政部 税务总局公告 2019 年第 74 号）规定，"自 2019 年 1 月 1 日起，企业在业务宣传、广告等活动中，随机向本单位以外的个人赠送礼品（包括网络红包，下同），以及企业在年会、座谈会、庆典以及其他活动中向本单位以外的个人赠送礼品，个人取得的礼品收入，按照'偶然所得'项目计算缴纳个人所得税，但企业赠送的具有价格折扣或折让性质的消费券、代金券、抵用券、优惠券等礼品除外。"因此，买赠不需要代扣代缴个税，其他场景的赠品需要代扣代缴个税。

4.2 其他促销方式的会计核算

其他促销方式包括免运费、抽奖、店铺优惠券（店铺红包）、现金红包、试用商品，本节具体介绍这些促销方式的会计核算。

4.2.1 免运费的会计处理

免运费是指由电商企业承担买家所购商品运费的促销方式。一般情况下，买家在"天猫"平台购买商品时需要缴纳 10 元不等的运费，并通过支付宝将运费与货款一同划转到电商企业账户，但是该划转并不是电商企业替买家垫付运费的行为，电商企业收取买家的运费往往高于其最终支付给快递公司的运费。因此，电商企业收取运费时应当一并确认确售收入和增值税税额，向快递公司支付运费进则确认销售费用，并按照运费的 9% 计算增值税进项税额。

当运费免除后，该运费实际由商品货款加以弥补，其本质与商业折扣相同，因此，其会计处理与收取运费时相同，只是所确认的收入与增值税将有所降低。

【例 4-8】鑫杰家具旗舰店于 2023 年 1 月推出包邮活动，免除 300 元以上的所有商品运费。在 1 月共卖出某件单价在 300 元以上的家具 100 件，合计 57 630 元，共支付快递公司运费 1 090 元，相应的会计处理如下。

借：其他货币资金 57 630
　　贷：主营业务收入 51 000
　　　　应交税费——应交增值税（销项税额） 6 630

快递费用的处理。

借：销售费用 1 000
　　应交税费——应交增值税（进项税额）（1 090÷1.09×9%） 90
　　贷：银行存款 1 090

4.2.2 抽奖的会计处理

将购进的商品用于抽奖，视同销售，抽奖也是无偿赠送的一种，所得税可以按进价确定销售收入，但它是广告推广费的一部分，受 15% 上限约束。

根据《国家税务总局关于企业处置资产所得税处理问题的通知》（国税函〔2008〕828 号）规定，以下这些情况也属于视同销售。

"企业将资产移送他人的下列情形，因资产所有权属已发生改变而不属于内部处置资产，应按规定视同销售确定收入。
（一）用于市场推广或销售；
（二）用于交际应酬；
（三）用于职工奖励或福利；

（四）用于股息分配；

（五）用于对外捐赠；

（六）其他改变资产所有权属的用途。”

需要注意的是，抽奖属于偶然所得，按偶然所得缴纳个人所得税，一般都由商家承担。

4.2.3　店铺优惠券（店铺红包）的会计处理

店铺优惠券（店铺红包）是指由商家在自己的店铺里设置优惠券与红包，并设置使用门槛，如10元红包（优惠券）满100元可用，实际上也是一种打折方法，按商业折扣处理，以买家实际付款金额入账。

根据《财政部 税务总局关于个人取得有关收入适用个人所得税应税所得项目的公告》（财政部 税务总局公告2019年第74号）第三条的规定："企业在业务宣传、广告等活动中，随机向本单位以外的个人赠送礼品（包括网络红包，下同），以及企业在年会、座谈会、庆典以及其他活动中向本单位以外的个人赠送礼品，个人取得的礼品收入，按照'偶然所得'项目计算缴纳个人所得税，但企业赠送的具有价格折扣或折让性质的消费券、代金券、抵用券、优惠券等礼品除外。"由于此类优惠券的获得，实际与消费相绑定，其性质属于折扣销售，并非属于个人所得，因此无须电商代扣代缴个人所得税。

【例4-9】买家李红在信阳手机旗舰店购买一部手机，页面价格2 732元，李红用店铺红包抵扣20元，实际付款2 712元。该部手机成本为2 130元，信阳手机旗舰店会计处理如下：

借：应收账款　　　　　　　　　　　　　　　　　　2 712

　　贷：主营业务收入　　　　　　　　　　　　　　2 400

　　　　应交税费——应交增值税（销项税额）　　　312

结转成本：

借：主营业务成本　　　　　　　　　　　　　　　　2 130

　　贷：库存商品　　　　　　　　　　　　　　　　2 130

4.2.4　现金红包的会计处理

平台内电商向淘宝红包系统预存一定金额，多用于发给买家用户、业务活动抽奖等激励行为。根据《中华人民共和国个人所得税法》第九条的规定："个人所得税以所得人为纳税人，以支付所得的单位或者个人为扣缴义务人。"根据《国家税务总局关于1元以下应纳税额和滞纳金处理问题的公告》（国家税务总局公告2012年第25号）规定，"主管税务机关开具的缴税凭证上的应纳税额和滞纳金为1元以下的，应纳税额和滞纳金为零。"因此，如果电商向个人发放单个现金网络红包超过5元的，应当按照规定代扣代缴个人所得税。企业应作为"合同资产"核算，待买家领取后实际使用消耗后，才作为费用。买家没有使用的部分过期失效后，将退还企业。红包被买家使用的那部分金额一般来讲没有发票，年末需要纳税调增，而且有涉税问题存在（代扣代缴个人所得税），属于偶然所得，则全额代扣代缴个人所得税。

【例4-10】豪佳服装店在商家权益中心发放红包200个，共2 000元，为店铺会员3月的生日红包贺喜，有效期10天。10天后实际被使用192个，共1 920元，剩余金额80元退回商家支付宝。

（1）红包充值时，根据支付宝月结账单与红包后台充值记录。

借：合同资产   2 000

    贷：其他货币现金——支付宝＊＊账号   2 000

（2）被买领用并消费时，根据红包后台记录。

借：销售费用   1 920

    贷：合同资产   1 920

（3）剩余过期被退加回时，根据支付宝账单

借：其他货币资金——支付宝＊＊账号   80

    贷：合同资产   80

注：一般在实操中简单化处理，充值时全额作费用，退回时冲减费用。

4.2.5 试用商品的会计处理

试用是由电商企业提供免费商品，由消费者在1个月内提供试用报告的一种营销推广行为，"试用"包括免费试用与付邮试用两种。试用是电商企业将自己的产品用于推广的营销方式，应视同销售处理。

【例4-11】某网店4月向消费者发放试用商品2件，市场价格361.60元，成本270元。

根据发货单与试用记录，会计分录如下。

借：销售费用　　　　　　　　　　　　　　　　　　　　41.60

　　贷：应交税费——应交增值税（销项税额）　　　　　　41.60

同时结转成本。

借：销售费用　　　　　　　　　　　　　　　　　　　　270

　　贷：库存商品　　　　　　　　　　　　　　　　　　　　270

第5章
平台电商与渠道自建电商企业的财税处理

本章主要介绍平台电商与渠道自建电商企业会计与税务的账务处理。

5.1 平台电商的财税处理

平台电商的财税处理涉及收入、成本、费用、税费的会计核算。

5.1.1 平台电商佣金的核算

《财政部 国家税务总局关于全面推开营业税改征增值税试点的通知》（财税〔2016〕36号）规定，"信息系统增值服务，是指利用信息系统资源为用户附加提供的信息技术服务，包括数据处理、分析和整合、数据库管理、数据备份、数据存储、容灾服务、电子商务平台等"。

因此，平台以收取佣金提供的服务属于信息系统增值服务中的电子商务平台服务，适用6%的增值税率。

【例5-1】2023年10月，天猫平台收取雅晶女装店铺佣金36 040元，以女装销售完成时刻收取佣金作为收入确认时点，账务处理如下。

借：其他货币资金——支付宝　　　　　　　　　　　　　36 040

　　贷：主营业务收入——佣金（36 040÷1.06）　　　　　34 000

　　　　应交税费——应交增值税（销项税额）　　　　　　2 040

技术服务费类似佣金，会计处理同上。

5.1.2 平台电商成本核算和账务处理

根据新收入准则五步法模型，其中第二步"需识别合同中的单项履约义务"，这种履约义务本质上是取得经济利益带来的成本，同时第五步规定"履行各单项履约业务时确认收入"，明确权利义务统一。电商服务行业可采用时点法或时段法对履约义务进行分摊。

平台电商的成本核算有两种方法：一种是收入比例分配法；另一种是作业成本法。

1. 收入比例分配法

从客户下订单到客户收货，平台收到佣金为止完成合同履约义务全过程所发生的直接成本，包括运营、客服等人力成本，为方便核算最好采取汇总一定时期（月）所有履行订单后发生的直接成本，按照佣金、技术服务费、会员费收入所占比例分摊到各服务收入对应的成本。

【例 5-2】甲平台电商 10 月发生人力成本为 100 万元，按照工时数分摊到平台系统作业的运营、美工、设计、产品、客服等直接人工为 50 万元，当月收取佣金 12 万元，技术服务费 34 万元，商家推广费 22 万元，则按各服务收入的比例分摊各自所对应的成本。

佣金收入对应成本 $=50\times[12\div(12+34+22)]=50\times0.18=9$（万元）

技术服务费收入对应成本 $=50\times[34\div(12+34+22)]=50\times0.5=25$（万元）

商家推广费收入对应成本 $=50-34=16$（万元）

编制会计分录如下。

借：主营业务成本——佣金服务成本　　　　　　　　　90 000

　　　　　　　　——技术服务成本　　　　　　　　250 000

　　　　　　　　——广告服务成本　　　　　　　　160 000

　　贷：应付职工薪酬——工资　　　　　　　　　　　　500 000

2. 作业成本法

对于一些大型平台电商，由于系统业务十分复杂，还有自己的支付系统，为了准确计算成本，可以采取作业成本法。

电子商务作业可以归纳出一些主要的电子商务作业中心。作业中心包括：

订单作业中心、客服作业中心、售后作业中心、推广作业中心、系统作业中心、商品信息管理作业中心、支付作业中心等。

成本计算流程：作业耗用资源→商品或服务耗用作业量→通过作业动因分配率→计算商品或服务耗用作业成本。

【例5-3】某宝电商平台12月作业项目相关数据，见表5-1。

表5-1　某宝电商平台12月作业项目相关数据

金额单位：元

作业项目	薪酬	办公费	电费	折旧	耗材	作业成本合计
订单作业中心	390 000	18 000	32 000	42 000	34 000	516 000
客服作业中心	358 000	22 000	21 900	32 600	78 000	512 500
推广作业中心	312 500	17 800	31 470	32 400	53 800	447 970
系统作业中心	342 900	23 590	29 870	29 570	49 870	475 800
合计	1 403 400	81 390	115 240	136 570	215 670	1 952 270

服务耗用作业量见表5-2。

表5-2　服务耗用作业量明细表

作业项目	作业动因	具体数	佣金服务		技术服务	
			数量	单位	数量	单位
订单作业中心	时数	250	120	小时	130	小时
客服作业中心		300	180	小时	120	小时
推广作业中心		400	210	小时	190	小时
系统作业中心		520	250	小时	270	小时
合计	—	1470	760	—	710	—

作业动因分配率计算见表5-3。

表5-3　作业动因分配率计算表

作业项目	作业成本（元）	作业动因	具体数量	作业动因分配率
订单作业中心	516 000	工时数	250	2 064
客服作业中心	512 500		300	1 708.33
推广作业中心	447 970		400	1 119.93
系统作业中心	475 800		520	915
合计	1 952 270	—	—	—

两种服务耗用作业成本计算见表5-4。

表5-4 两种服务耗用作业成本计算明细表

金额单位：元

作业项目	佣金服务所耗用作业成本	技术服务所耗用作业成本	总　　计
订单作业中心	247 680	268 320	516 000
客服作业中心	307 499.40	204 999.60	512 499
推广作业中心	235 185.30	212 786.70	447 972
系统作业中心	228 750	247 050	475 800
合计	1 019 114.70	933 156.30	1 952 271

根据表5-1，订单作业中心产生的作业成本数据，编制会计分录。

借：作业成本——订单作业中心　　　　　　　　　　　　　516 000

　　贷：应付职工薪酬——直接人工　　　　　　　　　　　　390 000

　　管理费用——办公费　　　　　　　　　　　　　　　　18 000

　　　　　　——电费　　　　　　　　　　　　　　　　32 000

　　累计折旧　　　　　　　　　　　　　　　　　　　　42 000

　　原材料——耗材　　　　　　　　　　　　　　　　　34 000

根据表5-1，客服作业中心产生的作业成本数据，编制会计分录。

借：作业成本——客服作业中心　　　　　　　　　　　　　512 500

　　贷：应付职工薪酬——直接人工　　　　　　　　　　　　358 000

　　管理费用——办公费　　　　　　　　　　　　　　　　22 000

　　　　　　——电费　　　　　　　　　　　　　　　　21 900

　　累计折旧　　　　　　　　　　　　　　　　　　　　32 600

　　原材料——耗材　　　　　　　　　　　　　　　　　78 000

根据表5-1，推广作业中心产生的作业成本数据，编制会计分录。

借：作业成本——推广作业中心　　　　　　　　　　　　　447 970

　　贷：应付职工薪酬——直接人工　　　　　　　　　　　　312 500

　　管理费用——办公费　　　　　　　　　　　　　　　　17 800

　　　　　　——电费　　　　　　　　　　　　　　　　31 470

　　累计折旧　　　　　　　　　　　　　　　　　　　　32 400

　　原材料——耗材　　　　　　　　　　　　　　　　　53 800

根据表5-1，系统作业中心产生的作业成本数据，编制会计分录。

借：作业成本——系统作业中心 475 800

贷：应付职工薪酬——直接人工 342 900

管理费用——办公费 23 590

——电费 29 870

累计折旧 29 570

原材料——耗材 49 870

根据表5-4，分配作业成本时，编制会计分录如下。

借：主营业务成本——佣金服务 1 019 114.70

——技术服务 933 156.30

贷：作业成本——订单作业 516 000

——客服作业 512 499

——推广作业 447 972

——系统作业 475 800

5.1.3 平台电商费用核算和账务处理

平台电商费用包括平台发生的建设成本、间接费用、积分投资后平台给商家补偿、平台给予奖励等。

1. 平台发生的建设成本一般在"研发支出"科目核算

研究阶段进入费用化支出，开发阶段进入资本化支出。账务处理如下。

借：研发支出——费用化支出

——资本支出

贷：应付职工薪酬——工资

原材料

【例5-4】2023年1月，甲公司开发建农平台，旨在进行农产品贸易。研发阶段发生建设成本1 360万元，开发阶段发生建设成本6 540万元。其中，工资2 450万元，购入的相关材料5 450元。账务处理如下。

借：研发支出——费用化支出 13 600 000

——资本支出 65 400 000

贷：应付职工薪酬——工资 24 500 000

原材料 54 500 000

2. 间接费用的核算

间接费用相对于直接费用而言，指无法在直接费用中列支的相关费用，主要包括管理费用、销售费用、行政费用和财务费用及一些不符合正常生产活动的费用。

管理费用是企业运营时所需支付的一类费用，主要包括与运营相关的费用和营销费用、材料、外包服务费用，以及管理研究费用、顾问费等。

销售费用是企业在销售活动中所开支的费用的总称，一般包括广告费、宣传费、代理费、招待费等。

行政费用是企业在日常管理工作中所支付的服务报酬，一般包括办公费用、日常管理费、通讯费、登记费用等。

财务费用是企业所支付的一类费用，主要包括利息、贷款手续费、外汇费用等。

此外，房租、水电费、房租、折旧、快递费等企业每月必须支付的费用，也可以归类为间接费用，会计分录如下。

借：管理费用——工资

    ——办公费

    ——租金

    ——折旧

  销售费用——快递费

 贷：银行存款、应付账款等

【例 5-5】接【例 5-4】，甲公司在开发建农平台时，管理部门发生工资 545 万元，办公费 58 万元，水电费 68 万元，房租 264 万元，快递费 98 万元。

借：管理费用——工资   5 450 000

    ——办公费   580 000

    ——水电费   680 000

    ——租金   2 640 000

  销售费用——快递费   980 000

 贷：银行存款   10 330 000

3. 积分抽奖的账务处理

一般交易平台的积分抽奖，是为了给入驻的商家吸引流量，客户抽奖成功，交易平台会将参与抽奖的积分所对应的等值货币金额补偿给合作商户。

对于合作商户，客户一旦抽奖（商品）成功，抵减货款的积分由平台补偿，由于该积分款是商品货款的一部分，商户给平台应开具销售商品的发票。

抽奖积分不像积分兑换抵扣一样有可以估计的概率，抽奖概率很难评估，不适用递延收益法，可一次性计入损益。

【例5-6】2023年11月12日，某电商平台推出积分抽奖活动，客户甲一次性使用5 000积分参与平台专营店（一般纳税人，适用13%税率）电子产品抽奖。若中奖，平台会将抽奖积分所对应的等值货币金额划入专营店商户积分账户，平台100积分可兑换1元现金。客户甲抽奖成功，获赠电子产品。

平台账务处理如下。

借：销售费用［50÷（1+6%）］　　　　　　　　　　　　　47.17

　　应交税费——应交增值税（进项税额）（47.17×6%）　　2.83

　　　贷：其他应付款——电商专营店（5000÷100）　　　　　　　　50

平台自积分账户向商户补偿积分等值货款时。

借：其他应付款——电商专营店　　　　　　　　　　　　　50

　　　贷：其他货币资金——支付宝　　　　　　　　　　　　　　　50

4. 电商平台给予奖励的账务处理

电商平台的奖励是为了提高平台的客户流量和平台人气所采取的营销手段，作为销售费用处理。比如网约车平台为了鼓励更多私家车主加入平台提高平台市场份额，会给予车主现金补贴。

【例5-7】某网约车平台规定，注册快车业务的车主自账户被激活起7天，完成10单以上，可以奖励10元。小李师傅在账户激活当天完成12单快车业务。

平台会计处理如下。

借：销售费用　　　　　　　　　　　　　　　　　　　　　10

　　　贷：其他应付款　　　　　　　　　　　　　　　　　　　　　10

上述业务中销售费用上可在企业所得税前扣除。

政策依据：《中华人民共和国企业所得税法》第八条，"企业实际发生的与取得收入有关的、合理的支出，包括成本、费用、税金、损失和其他支出，准予在计算应纳税所得额时扣除。"

根据《国家税务总局关于发布〈企业所得税税前扣除凭证管理办法〉的公告》（国家税务总局公告2018年第28号）第八条，"……内部凭证是指企业自制用于成本、费用、损失和其他支出核算的会计原始凭证。内部凭证的填制和使用应当符合国家会计法律、法规等相关规定。"平台奖励支出属于企业正常促销活动，其支出与取得收入直接相关，所以可在企业所得税税前扣除。

5.1.4 平台电商常见销售模式会计处理实例

下面介绍电商平台常见的 B2C、O2O 业务模式主要账务处理。

1. B2C 模式的会计处理

（1）营销型模式。B2C 商城或 B2C 网站，以销售自身产品或衍生产品为主要盈利方式，自行开拓上游供应商渠道，并构建仓储和物流配送系统或者引入第三方物流，通过打折优惠来吸引流量。账务处理与一般企业销售商品相同。

【例 5-8】2023 年 12 月，甲平台购入一批商品，成本 28 700 元。12 月 15 日，此批商品销售给春风公司，不含税销售价格 34 500 元，税款 4 485 元，款项已支付。

收到货款时的账务处理如下。

借：银行存款　　　　　　　　　　　　　　　　38 985
　　贷：主营业务收入　　　　　　　　　　　　　　　34 500
　　　　应交税费——应交增值税（销项税额）　　　　 4 485

同时，结转成本。

借：主营业务成本　　　　　　　　　　　　　　　28 700
　　贷：库存商品　　　　　　　　　　　　　　　　　28 700

（2）会员费模式。收取会员费是 B2C 网站一种主要的收益模式，根据不同的运营方式及提供的服务收取会计价格。通过举办一些优惠活动，给予会员更优惠的会计价格，与非会员形成差异，吸引更多的长期客户。

根据财税〔2016〕36 号，其他权益性无形资产包括会员权，会员权属于无形资产。

【例 5-9】顾客小婷在某电商平台交纳一年 360 元会员费，除了有电商平台购物的优惠外还可以享受 1 年的喜马拉雅年卡权益。

根据国家税务总局《关于确认企业所得税收入若干问题的通知》（国税函〔2008〕875 号）第二条第四项第六款规定：申请入会或加入会员，只允许取得会籍，所有其他服务或商品都要另行收费的，在取得该会员费时确认收入。

申请入会或加入会员后，会员在会员期内不再付费就可得到各种服务或商品，或者以低于非会员的价格销售商品或提供服务的，该会员费应在整个受益期内分期确认收入。

京东平台账务处理如下。

收到会员费时。

借：其他货币资金——京东支付　　　　　　　　　　　　　　360

　　贷：合同负债——小婷　　　　　　　　　　　　　　　　　360

在收益期 12 个月平均分摊收入。

借：合同负债——小婷　　　　　　　　　　　　　　　　　　30

　　贷：主营业务收入——佣金　　　　　　　　　　　　　28.30

　　　　应交税费——应交增值税（销项税额）　　　　　　1.70

（3）在线广告盈利模式。B2C 电子商务网站提供各种形式的广告，该模式几乎是所有电子商务公司的主要利润来源。直通车、钻展本质上都是商家营销推广的费用，对平台收取来说，应属于文化创意类服务。

【例 5-10】蓝星旗舰店为了店铺推广，在直通车账户充值 5 000 元。本月 CPC 点击扣费 1 272 元。

①直通车充值时。

借：其他货币资金——直通车账户　　　　　　　　　　　　5 000

　　贷：合同负债　　　　　　　　　　　　　　　　　　　5 000

②直通车消费时。

借：合同负债　　　　　　　　　　　　　　　　　　　　　1 272

　　贷：主营业务收入　　　　　　　　　　　　　　　　　1 200

　　　　应交税费——应交增值税（销项税额）　　　　　　　72

（4）收取订单佣金。一些 B2C 电子商务网站通过接收客户在线订单和中介费获得收入。

【例 5-11】2023 年 12 月，飞梦旗舰店销售微波炉 2 000 台，共计 780 000 元，平台收取 2.5% 的佣金，即 19 500 元。销售完成时以收取佣金作为收入确认时点，账务处理如下。

借：其他货币资金——支付宝　　　　　　　　　　　　　19 500

　　贷：主营业务收入——佣金（19 500÷1.06）　　　　18 396.23

　　　　应交税费——应交增值税（销项税额）（18 396.23×6%）

　　　　　　　　　　　　　　　　　　　　　　　　　1 103.77

（5）在线教育平台的会计处理。在线教育平台主要是 B2C 商业模式。在线教育平台收入主要依靠内容收费、平台抽佣、会员服务、广告收费及定向增值服务。大部分平台的盈利点主要是抽佣和广告费，而教育产品则主要依靠内容收费，只是将传统线下教育的销售渠道和使用场景搬到了线上。

平台抽佣是大流量教育平台非常普通的营收模式。一般适用于 B2B、B2C 教育商城，当商城自开发课程供给无法满足更多用户需求时，平台引入三方的其他教育机构或者个人讲师入驻平台，进行合作分成，即抽佣收费。

【例 5-12】会视教育平台通过引入星云财税培训机构入驻平台开发注会考试辅导系统。双方约定，系统开发完成后，按销售课件收入的五五分成。当年 10 月在线销售课程 180 200 元，其中，增值税额 10 200 元。

课程售卖后，相当于平台让渡了资产使用权，确认收入。

借：银行存款 180 200

　　贷：主营业务收入 170 000

　　　　应交税费——应交增值税（销项税额） 10 200

星云财税培训机构按分配金额开具发票 90100 元，交给平台。平台据此计入主营业务成本，增值税进项税额应做转出处理。

借：主营业务成本（90 100÷1.06） 85 000

　　应交税费——应交增值税（进项税额转出） 5 100

　　贷：银行存款 90 100

（6）收取会员费。

越来越多的在线教育平台推出会员制，会员可以在平台范围内享受一定期限的课程学习。会员制的目的更多的是锁定用户。会员费，又称会籍费、会费，是指个人或单位加入会众组织、学会、俱乐部等社团组织时，需要支付的费用。

【例 5-13】恒阳大学教育平台（一般纳税人）推出会员制，付费会员小张付费 36 000 元可在一年内收看平台所有在线课程。

《国家税务总局关于确认企业所得税收入若干问题的通知》（国税函〔2008〕875 号）规定，……申请入会或加入会员后，会员在会员期内不再付费就可得到各种服务或商品，或者以低于非会员的价格销售商品或提供服务的，该会员费应在整个受益期内分期确认收入。

平台账务处理如下。

收到会员费时。

借：其他货币资金　　　　　　　　　　　　　　　　　　　36 000
　　贷：合同负债　　　　　　　　　　　　　　　　　　　　　36 000

在收益期内 12 个月平均分摊收入，每月会计分录如下。

借：合同负债　　　　　　　　　　　　　　　　　　　　　3 000
　　贷：主营业务收入　　　　　　　　　　　　　　　　　　2 830.19
　　　　应交税费——应交增值税（销项税额）　　　　　　　169.81

2. O2O 经营模式下的会计处理

O2O 经营模式下实体店一般具有展示、体验、销售和服务四项职能。譬如苏宁易购。收入完成需要两个环节：一是销售商品；二是提供各类增值服务。

（1）O2O 线上订单线下体验模式的收入确认。

O2O 线上订单线下体验，有三个步骤：买家在线订单；电商配货；用户线下体验并享受相关服务。

用户满意后签收收入确认时点：服务期满，买家满意不退货即表明其拥有了对货物（服务）的控制权，此时可以确认收入。

【例 5-14】小李在一家电商 O2O 平台在线预定了价值 9 991 元（含配送费 212 元）的电视机，该电视机成本为 6 500 元，并在平台的实体店 O2O 体验电器功效，满意后用户在线支付并收到第三方划转货款时，转款手续费为 50 元。

借：其他货币资金　　　　　　　　　　　　　　　　　　9 941
　　财务费用——佣金及手续费　　　　　　　　　　　　　50
　　贷：合同负债　　　　　　　　　　　　　　　　　　　　9 991

客户提货后，确认收入。

借：合同负债　　　　　　　　　　　　　　　　　　　9 991
　　贷：主营业务收入——商品　　　　　　　　　　　　　8 841.59
　　　　应交税费——应交增值税（销项税额）　　　　　　1 149.41

结转主营业务成本。

借：主营业务成本　　　　　　　　　　　　　　　　　　6 500
　　贷：库存商品　　　　　　　　　　　　　　　　　　　　6 500

假如在体验后不满意，交易取消，买方要求退货时候，卖家可以红冲已经确认的收入的成本。

贷：主营业务收入（红字）

　　应交税费——应交增值税（销项税额）（红字）

　　　贷：其他货币资金/应收账款

借：主营业务成本（红字）

　　借：库存商品

若卖家承担退货运费。

借：销售费用——物流费

　　　贷：其他货币资金（应付账款）

销售成本账务处理。

按照成本所属对象，直接进入所属成本对象。

借：主营业务成本——装卸、分拣费

　　　　　　　　——搬运费

　　其他业务成本——包装

　　　贷：应付职工薪酬——工资

　　　　　周转材料（随货物一同出售单独计价）

　　　　　原材料——材料燃料

注：随货物一起出售不单独计价计入销售费用。

（2）O2O 模式下佣金与优惠券的会计处理。

【例 5-15】客户陈明通过打车软件网约从自家到火车站的出租车，司机接单后，司机将陈明送至目的地。交易完成后，陈明交付了 120 元的乘车费用，并享受了平台给予的 2％的优惠折扣，实际支付 117.60 元，并获得平台给予的 5 元面值的电子优惠券。假如平台按费用收取 20％抽成后将剩余款项 94.08 元打给司机。

平台收取佣金与优惠活动均是同一笔交易完成，平台支付的优惠折扣可以视为商业折扣，佣金可以直接按扣除商业折扣后的净收入确定收入。

平台方的账务处理。

①收取佣金时。

借：其他货币资金　　　　　　　　　　　　　　　　　117.60

　　贷：主营业务收入　　　　　　　　　　　　　　　　22.19

　　　应交税费——应交增值税（销项税额）　　　　　　 1.33

　　　预计负债——司机　　　　　　　　　　　　　　　94.08

返款给司机时。

借：预计负债　　　　　　　　　　　　　　　　　94.08
　　贷：其他货币资金　　　　　　　　　　　　　　　　94.08

②发放优惠券时。

借：销售费用　　　　　　　　　　　　　　　　　　5
　　贷：预计负债　　　　　　　　　　　　　　　　　　　5

③当陈明在有效期使用时。

借：预计负债　　　　　　　　　　　　　　　　　　5
　　贷：主营业务收入 [5÷（1+6%）]　　　　　　　　4.72
　　　　应交税费——应交增值税（销项税额）　　　　0.28

假如陈明没有在有效期使用，根据准则规定，转移给客户商品或服务的控制权过期时，红冲销售费用。

借：预计负债　　　　　　　　　　　　　　　　　　5
　　贷：销售费用　　　　　　　　　　　　　　　5（红字）

5.2　渠道自建类电商企业会计核算和账务处理

渠道自建类电商，是指自行建立网站并基于该网站实现销售的企业，既包括传统产品或服务的销售，如苏宁电器等，也包括基于互联网技术开发销售的新型产品或服务，如视频网站、在线教育等。

5.2.1　渠道自建类电商自行销售商品的核算

渠道自建类电商通过自建平台采购、销售货物，会计处理与一般销售货物相同，如苏宁电器等。

【例5-16】2023 年 11 月，渠道自建类电商佳宁在线购入一批商品，成本 9 800 元。12 月 15 日，此批商品销售给春风公司，不含税销售价格 110 000 元，税款 14 300 元，款项已支付。

收到货款时的账务处理如下。

借：银行存款　　　　　　　　　　　　　　　124 300
　　贷：主营业务收入　　　　　　　　　　　　　110 000
　　　　应交税费——应交增值税（销项税额）　　14 300

同时，结转成本。

借：主营业务成本   9 800

  贷：库存商品   9 800

5.2.2 平台虚拟店铺出租获取使用费的核算

一般来说，自建平台都会提供第三方商家入驻，收取平台使用费。譬如京东商城，按销售净额的一定比例收取佣金。同时为了促销，平台还有奖励京豆。该业务实质是京东向商家购买的一种促销服务。商户向京东收取的价款（京豆折算的金额）应由商户向京东开具宣传费、促销服务费等项目发票，并缴纳增值税，京东可以凭增值税专用发票，确认销售费用，同时作进项税额抵扣。

【例5-17】 客户小张在京东平台购买一件连衣裙，用100京豆抵货款1元，并获得20个京豆，京东平台按照8%的费率扣取服务费212元。

京东平台账务处理。

借：银行存款   211

  销售费用   1

  贷：主营业务收入   200

    应交税费——应交增值税（销项税额）[212÷（1+6%）] 12

5.2.3 获取广告收入的核算

渠道自建类电商平台除了销售自营商品外，还通过平台展位获取广告收入。

会计分录如下。

借：银行存款

  贷：主营业务收入

    应交税费——应交增值税（销项税额）

【例5-18】 2023年12月30日，杰伦自建平台取得广告收入12 720元。该平台会计处理如下。

借：其他货币资金   12 720

  贷：主营业务收入——广告收入   12 000

    应交税费——应交增值税（销项税额）   720

第6章
跨境电商进出口业务会计处理

跨境电子商务进出口企业（以下简称跨境电商）是指自建跨境电子商务销售平台或利用第三方跨境电子商务开展电子商务进出口的单位和个体工商户。

6.1　跨境电商出口模式

自 2015 年 3 月首个跨境电子商务综合试验区设立以来，我国又先后在天津、上海、重庆、合肥、郑州、广州、成都等城市设立了第二批、第三批、第四批多批次跨境电子商务综合试验区。截至 2022 年 12 月，全国共有 165 个跨境电子商务综合试验区（数据来源于中华人民共和国中央人民政府网）。

跨境电商出口模式主要有跨境电商 B2B 出口模式、跨境电商 B2C 出口模式、保税跨境贸易电子商务等。

6.1.1　跨境电商 B2B 出口

"跨境电商 B2B 出口"是指境内企业通过跨境物流将货物运送至境外企业或海外仓，并通过跨境电商平台完成交易的贸易形式。

"跨境电商平台"是指为交易双方提供网页空间、虚拟经营场所、交易规则、信息发布等服务，设立供交易双方独立开展交易活动的信息网络系统，包括自营平台和第三方平台，境内平台和境外平台。

根据企业经营模式可分为以下两种：一是 B2B 直接出口；二是出口海外

仓。B2B 直接出口海关监管方式代码"9710"，适用于境内企业通过跨境电商平台与境外企业达成交易后，将货物直接出口至境外企业。出口海外仓海关监管方式代码"9810"，适用于境内企业先将货物出口至海外仓，再通过境外平台实现交易后从海外仓送达境外购买者。

上述两种业务办理流程如图 5-1 所示。

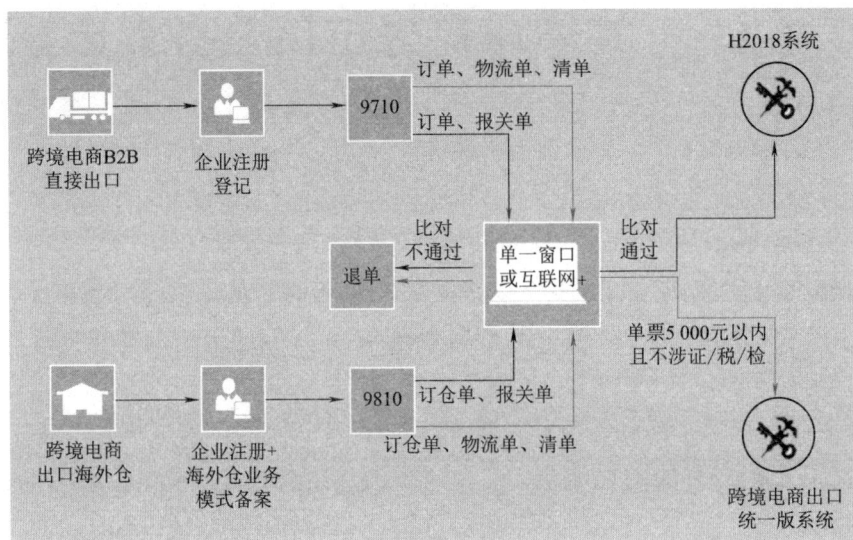

图 5-1　跨境电商 B2B 出口模式

中华人民共和国海关总署陆续公布跨境电商 B2B 出口监管试点的政策文件，如《关于开展跨境电子商务企业对企业出口监管试点的公告》（海关总署公告 2020 年第 75 号）、《关于扩大跨境电子商务企业对企业出口监管试点范围的公告》（海关总署公告 2020 年第 92 号）、《关于在全国海关复制推广跨境电子商务企业对企业出口监管试点的公告》（海关总署公告 2021 年第 47 号），这些文件确定跨境电商 B2B 出口监管试点城市海关。

6.1.2　跨境电商 B2C 出口

跨境电商 B2C 出口企业，主要采用航空小包、出寄、快递出政小包、快件等形式，报关主体是邮政或快递公司，海关监管方式适用并采用"清单核放、汇总申报"模式办理通关手续的电子商务零售出口商品。B2C 出口海关监管方式代码"9610"。

"清单核放、汇总申报"，是指跨境电子商务零售商品出口后，跨境电子商务企业或其代理人应当于每月15日前（节假日顺延），将上月结关的申报清单依据清单表头"八个同一"规则进行归并，汇总形成中华人民共和国海关出口货物报关单向海关申报。（八个同一：即同一收货人、同一运输方式、同一生产销售单位、同一运抵国、同一出境关别，以及清单表体同一最终目的国、同一海关商品编码、同一币制规则进行归并）

跨境电商B2C出口业务办理流程如图5-2所示。

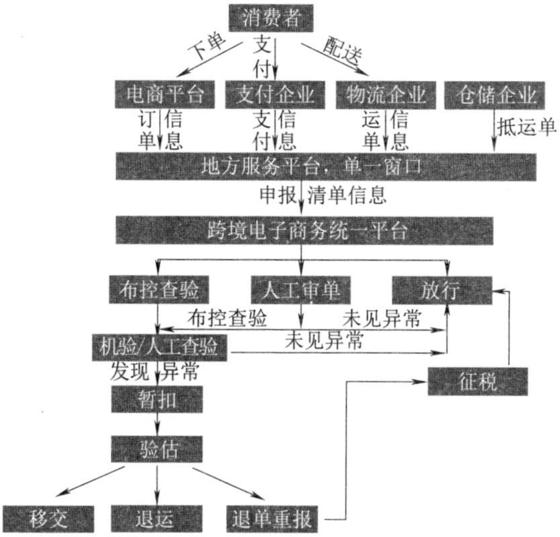

图5-2　跨境电商B2C出口业务办理流程

6.1.3　保税跨境贸易电子商务

保税跨境贸易电子商务包括跨境电商特殊区域包裹零售出口和跨境电商特殊区域出口海外仓零售，海关监管方式代码"1210"。具体含义如下：

（1）跨境电商特殊区域包裹零售出口是指对进入特殊区域的商品，通过电商平台完成销售后，在区内打小包并离境送达境外消费者的模式。

（2）跨境电商特殊区域出口海外仓是指国内企业将商品出口报关，进入特殊区域，在特殊区域内完成理货、拼箱后，批量出口至海外仓，通过电商平台完成零售后再将商品从海外仓送达境外消费者的模式。（海关特殊监管区域是经国务院批准，设立在中华人民共和国关境内，赋予承接国际产业转移、联接国内国际两个市场的特殊功能和政策，以海关为主实施封闭监管的特定经济功能区域，包括保税区、保税港区、保税物流园区、出口加工区、跨境

工业园区、综合保税区）

6.2 跨境电商增值税、消费税出口退税政策

跨境电商出口退税政策包括增值税、消费税退（免）税政策和增值税、消费税免税政策。适用退（免）税、免税政策的电子商务出口企业，是指自建跨境电子商务销售平台的电子商务出口企业和利用第三方跨境电子商务平台开展电子商务出口的企业。

6.2.1 增值税、消费税退免税政策

1. 增值税、消费税退（免）税相关政策

《财政部 国家税务总局关于跨境电子商务零售出口税收政策的通知》（财税〔2013〕96号）规定：

"一、电子商务出口企业出口货物［财政部、国家税务总局明确不予出口退（免）税或免税的货物除外，下同］，同时符合下列条件的，适用增值税、消费税退（免）税政策：

1. 电子商务出口企业属于增值税一般纳税人并已向主管税务机关办理出口退（免）税资格认定；

2. 出口货物取得海关出口货物报关单（出口退税专用），且与海关出口货物报关单电子信息一致；

3. 出口货物在退（免）税申报期截止之日内收汇；

4. 电子商务出口企业属于外贸企业的，购进出口货物取得相应的增值税专用发票、消费税专用缴款书（分割单）或海关进口增值税、消费税专用缴款书，且上述凭证有关内容与出口货物报关单（出口退税专用）有关内容相匹配。"

【例6-1】2024年1月，天津鑫兴公司通过第三方电商平台向境外消费者销售电器，完税价格为110万元。

2024年2月，按照9610"清单核放、汇总申报"方式，通过上海海关办理通关申报。

2024年3月，该批出口电器产品完成配送，消费者均确认收货。

2024年4月，完成出口收汇，出口电器产品取得增值税专用发票，票面不含税价格90万元，增值税退税率13%。

确认出口收入，办理免税申报，提交增值税纳税申报表。免税销售额为110万元，出口环节增值税为0元。

收到货款，取得国内采购增值税专用发票，申请退税。通过国际贸易单一窗口，申报退税，即进口环节增值税。

出口退税＝90×13％＝11.70（万元）

2. 适用增值税、消费税免税政策

免税指的是免去出口销售环节增值税、消费税。

《财政部 国家税务总局关于跨境电子商务零售出口税收政策的通知》（财税〔2013〕96号）规定：

"二、电子商务出口企业出口货物，不符合本通知第一条规定条件，但同时符合下列条件的，适用增值税、消费税免税政策：
1. 电子商务出口企业已办理税务登记；
2. 出口货物取得海关签发的出口货物报关单；
3. 购进出口货物取得合法有效的进货凭证。"

《中国（天津）跨境电子商务综合试验区零售出口货物免税管理办法（试行）》规定如下：

"第三条　电子商务出口企业应于首次免税申报时，向主管税务机关办理出口退（免）税备案手续，退（免）税计算方法为免税。办理出口退（免）税备案向主管税务机关提供以下资料：
（一）内容填写真实、完整的《出口退（免）税备案表》。
（二）加盖备案登记专用章的《对外贸易经营者备案登记表》。
（三）《中华人民共和国海关报关单位注册登记证书》。
（四）无报关权跨境电子商务企业发生委托出口业务的，提供委托代理出口协议，不需提供第（二）、（三）项资料。
第四条　电子商务出口企业应在货物报关出口次月的增值税纳税申报期内，按规定向主管税务机关办理零售出口货物免税申报。
第五条　税务机关应利用海关出口商品申报清单电子信息和免税管理系统相关数据，结合实际情况，加强电子商务出口企业零售出口货物免税管理工作。
第六条　适用本办法的电子商务出口企业零售出口货物免税事项，不实行免税资料备查管理和备案单证管理。"

【例6-2】 按【例6-1】，鑫兴公司出口电器产品未取得有效进货发票，办理申报流程如下。

视同内销，需要缴纳增值税＝110×13％＝14.30（万元）

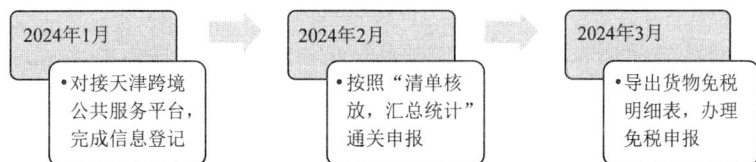

2024年1月		2024年2月		2024年3月
• 对接天津跨境公共服务平台，完成信息登记	⇒	• 按照"清单核放，汇总统计"通关申报	⇒	• 导出货物免税明细表，办理免税申报

3. 跨境电商"无票免税"政策

《财政部 税务总局 商务部 海关总署关于跨境电商综合试验区零售出口货物税收政策通知》（财税〔2018〕103号）规定：

"一、对综试区电子商务出口企业出口未取得有效进货凭证的货物，同时符合下列条件的，试行增值税、消费税免税政策：

（一）电子商务出口企业在综试区注册，并在注册地跨境电子商务线上综合服务平台登记出口日期、货物名称、计量单位、数量、单价、金额。

（二）出口货物通过综试区所在地海关办理电子商务出口申报手续。

（三）出口货物不属于财政部和税务总局根据国务院决定明确取消出口退（免）税的货物。"

4. 出口退运商品税收政策

根据《财政部 海关总署 税务总局关于跨境电子商务出口退运商品税收政策的公告》（财政部 海关总署 税务总局公告2023年第4号）规定：

"为加快发展外贸新业态，推动贸易高质量发展，现将跨境电子商务出口退运商品税收政策公告如下：

一、对自本公告印发之日起1年内在跨境电子商务海关监管代码（1210、9610、9710、9810）项下申报出口，因滞销、退货原因，自出口之日起6个月内原状退运进境的商品（不含食品），免征进口关税和进口环节增值税、消费税；出口时已征收的出口关税准予退还，出口时已征收的增值税、消费税参照内销货物发生退货有关税收规定执行。其中，监管代码1210项下出口商品，应自海关特殊监管区域或保税物流中心（B型）出区离境之日起6个月内退运至境内区外。

二、对符合第一条规定的商品，已办理出口退税的，企业应当按现行规定补缴已退的税款。企业应当凭主管税务机关出具的《出口货物已补税/未退税证明》，申请办理免征进口关税和进口环节增值税、消费税，退还出口关税手续。

三、第一条中规定的"原状退运进境"是指出口商品退运进境时的最小商品形态应与原出口时的形态基本一致，不得增加任何配件或部件，不能经过任何加工、改装，但经拆箱、检（化）验、安装、调试等仍可视为"原状"；退运进境商品应未被使用过，但对于只有经过试用才能发现品质不良或可证明被客户试用后退货的情况除外。

四、对符合第一、二、三条规定的商品，企业应当提交出口商品申报清单或出口报关单、退运原因说明等证明该商品确为因滞销、退货原因而退运进境的材料，并对材料的真实性承担法律责任。对因滞销退运的商品，企业应提供"自我声明"作为退运原因说明材料，承诺为因滞销退运；对因退货退运的商品，企业应提供退货记录（含跨境电子商务平台上的退货记录或拒收记录）、返货协议等作为退运原因说明材料。海关据此办理退运免税等手续。

五、企业偷税、骗税等违法违规行为，按照国家有关法律法规等规定处理。

特此公告。"

财政部 海关总署 税务总局
2023年1月30日

6.2.2 跨境电商企业所得税优惠政策

1. 相关政策

《关于跨境电子商务综合试验区零售出口企业所得税核定征收有关问题的公告》（国家税务总局公告 2019 年第 36 号）规定：

> "一、综试区内的跨境电商企业，同时符合下列条件的，试行核定征收企业所得税办法：
>
> （一）在综试区注册，并在注册地跨境电子商务线上综合服务平台登记出口货物日期、名称、计量单位、数量、单价、金额的；
>
> （二）出口货物通过综试区所在地海关办理电子商务出口申报手续的；
>
> （三）出口货物未取得有效进货凭证，其增值税、消费税享受免税政策的。
>
> 二、综试区内核定征收的跨境电商企业应准确核算收入总额，并采用应税所得率方式核定征收企业所得税。应税所得率统一按照 4% 确定。
>
> 三、税务机关应按照有关规定，及时完成综试区跨境电商企业核定征收企业所得税的鉴定工作。
>
> 四、综试区内实行核定征收的跨境电商企业符合小型微利企业优惠政策条件的，可享受小型微利企业所得税优惠政策；其取得的收入属于《中华人民共和国企业所得税法》第二十六条规定的免税收入的，可享受免税收入优惠政策。"

（注：小型微利企业是指从事国家非限制和禁止行业，且同时符合年度应纳税所得额不超过 300 万元、从业人数不超过 300 人、资产总额不超过 5 000 万元等三个条件的企业）

《关于进一步实施小微企业所得税优惠政策的公告》（财政部 税务总局公告 2022 年第 13 号）规定：

> "为进一步支持小微企业发展，现将有关税收政策公告如下：
>
> 一、对小型微利企业年应纳税所得额超过 100 万元但不超过 300 万元的部分，减按 25% 计入应纳税所得额，按 20% 的税率缴纳企业所得税。
>
> 二、本公告所称小型微利企业，是指从事国家非限制和禁止行业，且同时符合年度应纳税所得额不超过 300 万元、从业人数不超过 300 人、资产总额不超过 5 000 万元等三个条件的企业。
>
> 从业人数，包括与企业建立劳动关系的职工人数和企业接受的劳务派遣用工人数。所称从业人数和资产总额指标，应按企业全年的季度平均值确定。具体计算公式如下：
>
> 季度平均值＝（季初值＋季末值）÷2
>
> 全年季度平均值＝全年各季度平均值之和÷4
>
> 年度中间开业或者终止经营活动的，以其实际经营期作为一个纳税年度确定上述相关指标。
>
> 三、本公告执行期限为 2022 年 1 月 1 日至 2024 年 12 月 31 日。"

实行企业所得税核定征收的跨境电子商务零售出口企业应纳税所得税额计算公式如下：

应纳税所得额＝应税收入额×4％

应税收入额＝收入总额－不征税收入－免税收入

应纳所得税额＝应纳税所得额×25％

实际应纳所得税额＝应纳税所得额×25％－享受小微企业税收优惠额

2. 企业所得税征收方式

企业所得税征收方式有两种：一是查账征收；二是核定征收。

查账征收申报规定如下：

（1）居民企业（查账征收）企业所得税月（季）度申报。实行查账征收方式申报企业所得税的居民企业（包括境外注册中资控股居民企业）在月份或者季度终了之日起的 15 日内，依照税收法律、法规、规章及其他有关规定，向税务机关填报《中华人民共和国企业所得税月（季）度预缴纳税申报表（A 类）》及其他相关资料，进行月（季）度预缴纳税申报。

（2）实行查账征收方式申报企业所得税的居民企业（包括境外注册中资控股居民企业）在纳税年度终了之日起 5 个月内，在年度中间终止经营活动的在实际终止经营之日起 60 日内，依照税收法律、法规、规章及其他有关规定，自行计算本纳税年度应纳税所得额、应纳所得税额和本纳税年度应补（退）税额，向税务机关填报《中华人民共和国企业所得税年度纳税申报表（A 类）》及其他有关资料，进行年度纳税申报。

核定征收申报规定如下：

（1）居民企业（核定征收）企业所得税月（季）度申报。

按照企业所得税核定征收办法缴纳企业所得税的居民企业在月份或者季度终了之日起的 15 日内，依照税收法律、法规、规章及其他有关企业所得税的规定，向税务机关填报《中华人民共和国企业所得税月（季）度预缴和年度纳税申报表（B 类）》（2020 年修订）及其他相关资料，向税务机关进行企业所得税月（季）度申报。

（2）居民企业（核定征收）企业所得税年度申报。

按照企业所得税核定征收办法缴纳企业所得税的居民企业年度终了之日起 5 个月内或在年度中间终止经营活动的自实际终止经营之日起 60 日内，依照税收法律、法规、规章及其他有关企业所得税的规定，向税务机关填报《中华人民共和国企业所得税月（季）度预缴和年度纳税申报表（B 类）》（2020 年修订）及其他相关资料，向税务机关进行企业所得税年度申报。实行核定定额征收企业所得税的纳税人，不进行汇算清缴。

《关于跨境电子商务综合试验区零售出口企业所得税核定征收有关问题的公告》（国家税务总局公告 2019 年第 36 号）规定：

"综试区内实行核定征收的跨境电商企业符合小型微利企业优惠政策条件的，可享受小型微利企业所得税优惠政策；其取得的收入属于《中华人民共和国企业所得税法》第二十六条规定的免税收入的，可享受免税收入优惠政策。"

3. 企业所得税征收计算

（1）查账征收：企业根据账面数据，自行计算应纳税所得额，再乘以适用税率，得出企业所得税额。

【例 6-3】达兰公司从事玩具制作，2023 年全年收入总额为 1 200 万元，成本支出总额 1 000 万元，公司采用查账征收。企业所得税率为 25%（不考虑税收优惠减免等特殊情况）。

应纳税额＝应纳税所得额×适用税率＝（1 200－1 000）×25%＝50（万元）

（2）核定征收：由税务机关核定应税所得率，再根据当期所得乘以应税所得率，计算企业所得税额。

【例 6-4】成都跨境电商综合试验区内甲电商企业从业人员 10 名，资产总额 500 万元。2023 年取得跨境零售出口收入总额为 1 200 万元（无其他收入），经税务机关鉴定甲电商企业符合相关条件，可按 4% 应税所得率适用核定征收企业所得税办法，同时甲企业符合小微企业所得税优惠政策。

甲企业应纳税所得额＝1 200×4%＝48（万元）

甲企业实际应纳税所得额＝48×25%×20%×50%＝1.2（万元）

【例 6-5】成都跨境电商综合试验区内丙电商企业，2023 年取得跨境零售出口收入总额为 8 000 万元（无其他收入），经税务机关鉴定丙企业符合相关条件，可按 4% 应税所得率适用核定征收企业所得税办法。

乙企业应纳税所得额＝8 000×4%＝320（万元）

乙企业实际应纳税所得额＝320×25%＝80（万元）

6.3 跨境电商零售进口业务处理

"跨境电商零售进口"，是指中国境内消费者通过跨境电商第三方平台经营者自境外直接购买商品，并通过"网购保税进口"（海关监管方式代码1210）或"直购进口"（海关监管方式代码9610）运递进境的消费行为。其中，"网购保税进口业务"，是指在海关特殊监管区域或保税物流中心（B型）内以保税模式开展的跨境电子商务零售进口业务。

6.3.1　跨境电商零售进口业务方式

跨境电子商务零售商品进口时，跨境电子商务企业境内代理人或其委托的报关企业提交《中华人民共和国海关跨境电子商务零售进出口商品申报清单》，采取"清单核放"方式办理报关手续。对满足海关监管要求的企业，可以采取"先进区、后报关"的方式办理网购保税进口商品一线进境通关手续，入区域（中心）的网购保税进口商品须在14天内办理报关手续。

1. 网购保税进口

网购保税进口是购买跨境商品时最常见到的"保税仓发货"模式。这种模式特点为电子商务企业将整批商品运入海关特殊监管区域或保税物流中心（B型）内并向海关报关，消费者网购后，商品办结海关手续直接通过国内物流送达消费者手中，通常只需1至3天即可将商品邮寄送达消费者手中。

2. 直购进口

直购进口是购买跨境商品时较为常见的"海外仓发货"或"××直邮"的模式。这种模式的特点是将符合条件的电子商务企业或平台与海关联网，境内个人跨境网购后，商品直接从国外通过跨境物流的方式运抵海关监管现场，商品清关后再送达消费者，因而从时效来看，由于消费者下单后需从国外运输入境，往往需要较长时间。

我国对跨境电商进口商品实行正面清单管理。消费者从互联网网购进口商品需要满足以下条件：商品属于《跨境电子商务零售进口商品清单》内、限于个人自用并满足跨境电商零售进口税收政策规定。

2022年1月，财政部等八部委发布《关于调整跨境电子商务零售进口商品清单的公告》（2022年第7号），"自2022年3月1日起，优化调整跨境电子商务零售进口商品清单，在原有商品基础上，增加了家用洗碟机、游戏设备、滑雪用具等29项近年来消费者需求旺盛的商品，正面清单税则号列数达1 476个。"

6.3.2 跨境电子商务零售进口税收政策

海关按照国家关于跨境电子商务零售进口税收政策征收关税和进口环节增值税、消费税，完税价格为实际交易价格，包括商品零售价格、运费和保险费。

跨境电子商务零售进口相关税收政策如下。

《财政部 海关总署 税务总局关于完善跨境电子商务零售进口税收政策的通知》（财关税〔2018〕年49号）：

> "一、跨境电子商务零售进口商品的单次交易限值调整为人民币5 000元，个人年度交易限值调整为人民币26 000元。
> 二、完税价格超过5 000元单次交易限值但低于26 000元年度交易限值，且订单下仅一件商品时，可以自跨境电商零售渠道进口，按照货物税率全额征收关税和进口环节增值税、消费税，交易额计入年度交易总额，但年度交易总额超过年度交易限值的，应按一般贸易管理。
> 三、已经购买的电商进口商品属于消费者个人使用的最终商品，不得进入国内市场再次销售；原则上不允许网购保税进口商品在海关特殊监管区域外开展"网购保税＋线下自提"模式。"

《财政部 海关总署 国家税务总局关于跨境电子商务零售进口税收政策的通知》（财关税〔2016〕18号）：

> "一、跨境电子商务零售进口商品按照货物征收关税和进口环节增值税、消费税，购买跨境电子商务零售进口商品的个人作为纳税义务人，实际交易价格（包括货物零售价格、运费和保险费）作为完税价格，电子商务企业、电子商务交易平台企业或物流企业可作为代收代缴义务人。
> 二、跨境电子商务零售进口税收政策适用于从其他国家或地区进口的、《跨境电子商务零售进口商品清单》范围内的以下商品：
> （一）所有通过与海关联网的电子商务交易平台交易，能够实现交易、支付、物流电子信息"三单"比对的跨境电子商务零售进口商品；
> （二）未通过与海关联网的电子商务交易平台交易，但快递、邮政企业能够统一提供交易、支付、物流等电子信息，并承诺承担相应法律责任进境的跨境电子商务零售进口商品。
> 不属于跨境电子商务零售进口的个人物品以及无法提供交易、支付、物流等电子信息的跨境电子商务零售进口商品，按现行规定执行。"

《关于完善跨境电子商务零售进口监管有关工作的通知》（商财发〔2018〕486号）：

> "一、本通知所称跨境电商零售进口，是指中国境内消费者通过跨境电商第三方平台经营者自境外购买商品，并通过"网购保税进口"（海关监管方式代码1210）或"直购进口"（海关监管方式代码9610）运递进境的消费行为。上述商品应符合以下条件：

（一）属于《跨境电子商务零售进口商品清单》内、限于个人自用并满足跨境电商零售进口税收政策规定的条件。

（二）通过与海关联网的电子商务交易平台交易，能够实现交易、支付、物流电子信息"三单"比对。

（三）未通过与海关联网的电子商务交易平台交易，但进出境快件运营人、邮政企业能够接受相关电商企业、支付企业的委托，承诺承担相应法律责任，向海关传输交易、支付等电子信息。

二、跨境电商零售进口主要包括以下参与主体：

（一）跨境电商零售进口经营者（以下简称跨境电商企业）：自境外向境内消费者销售跨境电商零售进口商品的境外注册企业，为商品的货权所有人。

（二）跨境电商第三方平台经营者（以下简称跨境电商平台）：在境内办理工商登记，为交易双方（消费者和跨境电商企业）提供网页空间、虚拟经营场所、交易规则、交易撮合、信息发布等服务，设立供交易双方独立开展交易活动的信息网络系统的经营者。

（三）境内服务商：在境内办理工商登记，接受跨境电商企业委托为其提供申报、支付、物流、仓储等服务，具有相应运营资质，直接向海关提供有关支付、物流和仓储信息，接受海关、市场监管等部门后续监管，承担相应责任的主体。

（四）消费者：跨境电商零售进口商品的境内购买人。

三、对跨境电商零售进口商品按个人自用进境物品监管，不执行有关商品首次进口许可批件、注册或备案要求。但对相关部门明令暂停进口的疫区商品，和对出现重大质量安全风险的商品启动风险应急处置时除外。"

《商务部 发展改革委 财政部 海关总署 税务总局 市场监管总局关于扩大跨境电商零售进口试点、严格落实监管要求的通知》（商财发〔2021〕39号）：

"一、将跨境电商零售进口试点扩大至所有自贸试验区、跨境电商综试区、综合保税区、进口贸易促进创新示范区、保税物流中心（B型）所在城市（及区域）。今后相关城市（区域）经所在地海关确认符合监管要求后，即可按照《商务部 发展改革委 财政部 海关总署 税务总局 市场监管总局关于完善跨境电子商务零售进口监管有关工作的通知》（商财发〔2018〕486号）要求，开展网购保税进口（海关监管方式代码1210）业务。

二、各试点城市（区域）应切实承担本地区跨境电商零售进口政策试点工作的主体责任，严格落实监管要求规定，全面加强质量安全风险防控，及时查处在海关特殊监管区域外开展"网购保税＋线下自提"、二次销售等违规行为，确保试点工作顺利推进，共同促进行业规范健康持续发展。"

【例6-6】小贾在跨境电商平台购买化妆品，单次认购数件，合计订单价格3 000元，本年累计购买金额为25 000元。按照财关税〔2016〕18号规定，在限值以内进口的跨境电子商务零售进口商品，关税税率暂设为0；进口环节增值税、消费税取消免征税额，暂按法定应纳税额70%征收。

总的应纳税额＝关税（限额内，税率为0）＋进口环节增值税×

70%＋进口环节消费税×70%

＝0＋3 000×13%×70%

＝273（元）

第7章
固定资产与无形资产的核算

7.1 固定资产

固定资产是企业生产经营过程中的重要生产资料。

固定资产，是指同时具有下列特征的有形资产：

（1）为生产商品，提供劳务，出租或经营管理而持有的；

（2）使用寿命超过一个会计年度；

（3）固定资产为有形资产。

7.1.1 固定资产科目的设置

为了对固定资产进行会计核算，企业一般需要设置"固定资产""累计折旧""工程物资""在建工程""固定资产清理"等科目，核算固定资产取得、计提折旧、处置等情况。借方登记企业增加的固定资产原价，贷方登记企业减少的固定资产原价，期末借方余额，反映企业期末固定资产的账面原价。"固定资产"科目一般分为三级，企业除了应设置"固定资产"总账科目，还应设置"固定资产登记簿"和"固定资产卡片"，按固定资产类别、使用部门和每项固定资产进行明细核算。

7.1.2 外购固定资产的初始计量与账务处理

固定资产应当按照取得时成本进行初始计量。对于特定行业的特定固定资产（如核工业反应堆），确定其初始入账成本时还应考虑弃置费用。

企业外购固定资产的成本，包括购买价款、相关税费和使固定资产达到预定可使用状态前所发生的可归属于该项资产的运输费、装卸费、安装费和专业人员服务费（不含可抵扣的增值税进税额）等。

固定资产入账成本＝买价＋装卸费＋运输费＋安装费＋专业人员服务费等

提示：一般纳税人购入固定资产支付的增值税，可以作为进项税抵扣。小规模纳税人购入固定资产支付的增值税不可以抵扣，直接计入固定资产的成本。账务处理如下。

借：在建工程
　　应交税费——应交增值税（进项税额）
　　贷：银行存款

【例7-1】2023年3月1日，梵依达有限公司购入一台需要安装的设备，设备买价120 000元，增值税15 600元，运杂费1 090元（运输公司增值税率为9%）。按合同约定，设备由供货方安装，安装费3 500元。全部款项中买价和增值税尚未支付，其余以用银行存款付讫，设备安装并交付使用。

（1）购入设备时，采购成本＝120 000＋1 090÷（1＋9%）＝121 000（元）。

运费的进项增值税额＝1 090÷（1＋9%）×9%＝90（元）

借：在建工程　　　　　　　　　　　　　　　　　　　　121 000
　　应交税费——应交增值税（进项税额）（15 600＋90）　15 690
　　贷：应付账款　　　　　　　　　　　　　　　　　　　135 600
　　　　银行存款　　　　　　　　　　　　　　　　　　　　1 090

（2）支付安装费用时。

借：在建工程　　　　　　　　　　　　　　　　　　　　　3 500
　　贷：银行存款　　　　　　　　　　　　　　　　　　　　3 500

（3）2023年3月15日，设备安装完毕并交付使用时。

借：固定资产　　　　　　　　　　　　　　　　　　　　124 500
　　贷：在建工程　　　　　　　　　　　　　　　　　　　124 500

7.1.3　自行建造固定资产初始计量与账务处理

自行建造固定资产的成本，由建造该项资产达到预定可使用状态前所发生的必要支出构成，包括直接材料、直接人工、直接机械施工费等。在建造时，通过"在建工程"科目进行归集，自行建造固定资产完工时，借记"固定资产"科目，贷记"在建工程"科目。账务处理见表7-1。

表7-1 自行建造固定资产账务处理

业务情形	账务处理
购进工程物资时	借：工程物资 应交税费——应交增值税（进项税额）（不动产工程将其计入工程物资成本中） 贷：银行存款
领用工程物资时	借：在建工程 贷：工程物资
支付其他工程费用时	借：在建工程 贷：银行存款
支付工程人员工资及福利费时	借：在建工程 贷：应付职工薪酬
领用本企业外购产品时（不动产）	借：在建工程 贷：原材料 应交税费——应交增值税（进项税额转出）
工程完工时	借：固定资产 贷：在建工程

【例7-2】依兰公司采用自营方式建造一座厂房，发生如下有关业务：以银行存款881 400元购入一批工程专用物资，增值税专用发票上注明的买价为780 000元，增值税税额为101 400元。所购入物资全部投入工程建设，分配工程建设人员的职工薪酬30 000元。以银行存款支付工程管理费用8 000元。工程完工，经验收交付使用。

（1）购入工程物资时。

借：工程物资   881 400

  贷：银行存款   881 400

（2）领用工程物资时。

借：在建工程——厂房   881 400

  贷：工程物资   881 400

（3）分配工程建设人员的职工薪酬时。

借：在建工程——厂房　　　　　　　　　　　　　　　　30 000

　　贷：应付职工薪酬　　　　　　　　　　　　　　　　　　30 000

（4）支付工程管理费时。

借：在建工程——厂房　　　　　　　　　　　　　　　　 8 000

　　贷：银行存款　　　　　　　　　　　　　　　　　　　　 8 000

（5）工程完工使用时。

借：固定资产　　　　　　　　　　　　　　　　　　　919 400

　　贷：在建工程——厂房　　　　　　　　　　　　　　　919 400

7.1.4　出包方式建造固定资产的核算

在出包方式下，工程项目在建造中所发生的具体支出由承包单位核算，企业（发包单位）只需按照工程价款对工程项目进行计价，作为固定资产的入账价值，账务处理见表7-2。

表7-2　出包方式建造固定资产账务处理

业务情形	账务处理
出包时，按合理估计的发包工程进度和结算工程款	借：在建工程 　　贷：银行存款
按合同规定补付的工程款	借：在建工程 　　贷：银行存款
安装完成，达到预定可使用状态时	借：固定资产 　　贷：在建工程

【例7-3】宝昌公司采用出包方式建造厂房一座。按合同规定，工程造价700 000元，工程开始时，预付工程款的40%，其余60%在工程完工时根据工程决算予以补付。工程完工，经验收交付使用。

（1）预付工程价款时

借：合同资产　　　　　　　　　　　　　　　　　　　280 000

　　贷：银行存款　　　　　　　　　　　　　　　　　　　280 000

（2）按合同规定结算工程价款时

借：在建工程——厂房　　　　　　　　　　　　　　　700 000

　　　　　贷：合同资产　　　　　　　　　　　　　　　　　280 000

　　　　　　　银行存款　　　　　　　　　　　　　　　　　420 000

　　（3）工程完工交付使用时

　　借：固定资产　　　　　　　　　　　　　　　　　　　　700 000

　　　　　贷：在建工程——厂房　　　　　　　　　　　　　　700 000

7.1.5　固定资产折旧方法

1. 基本规定

　　《中华人民共和国企业所得税法实施条例》第五十九条规定：固定资产按照直线法计算的折旧，准予扣除。企业应当自固定资产投入使用月份的次月起计算折旧；停止使用的固定资产，应当自停止使用月份的次月起停止计算折旧。

　　《中华人民共和国企业所得税法实施条例》第六十条规定：除国务院财政、税务主管部门另有规定外，固定资产计算折旧的最低年限如下：

　　"（一）房屋、建筑物，为 20 年；
　　（二）飞机、火车、轮船、机器、机械和其他生产设备，为 10 年；
　　（三）与生产经营活动有关的器具、工具、家具等，为 5 年；
　　（四）飞机、火车、轮船以外的运输工具，为 4 年；
　　（五）电子设备，为 3 年。"

　　企业购置已使用过的固定资产，其最低折旧年限不得低于实施条例规定的最低折旧年限减去已使用年限后剩余期限。

2. 固定资产折旧方法

　　固定资产折旧方法可以采用年限平均法、工作量法、双倍余额递减法、年数总和法等。具体内容见表 7-3。

表 7-3　固定资产折旧方法

折旧方法	定　　义	公　　式
年限平均法	又称直线法，是指将固定资产的应计折旧额均衡地分摊到固定资产预计使用寿命内的一种方法。采用这种方法计算的每期折旧额均相等	年折旧率＝（1－预计净残值率）÷预计使用寿命（年）×100% 月折旧率＝年折旧率÷12 月折旧额＝固定资产原价×月折旧率

折旧方法	定　义	公　式
工作量法	是根据实际工作量计算每期应提折旧额的一种方法	单位工作量折旧额＝固定资产原价×（1－预计净残值率）÷预计总工作量 某项固定资产月折旧额＝该项固定资产当月工作量×单位工作量折旧额
双倍余额递减法	是指在不考虑固定资产预计净残值的情况下，根据每期期初固定资产原价减去累计折旧后的金额和双倍的直线法折旧率计算固定资产折旧的一种方法	年折旧率＝2÷预计使用寿命（年）×100% 月折旧率＝年折旧率÷12 月折旧额＝每年年初固定资产账面净值×月折旧率
年数总和法	是指将固定资产的原价减去预计净残值后的余额，乘以一个以固定资产尚可使用寿命为分子、以预计使用寿命逐年数字之和为分母的逐年递减的分数计算每年的折旧额	年折旧率＝尚可使用年限÷预计使用寿命的年数总和×100% 月折旧率＝年折旧率÷12 月折旧额＝（固定资产原价－预计净残值）×月折旧率

企业应当根据与固定资产有关的经济利益的预期实现方式合理选择折旧方法。企业选用不同的固定资产折旧方法，将影响固定资产使用寿命期间内不同时期的折旧费用，因此，固定资产的折旧方法一经确定，不得随意变更。

固定资产应当按月计提折旧，计提的折旧应通过"累计折旧"科目核算，并根据用途计入相关资产的成本或者当期损益，见表7-4。

表7-4　固定资产折旧

形式	记入科目
企业自行建造固定资产过程中使用的固定资产	计提的折旧记入在建工程科目
基本生产车间使用的固定资产	计提的折旧应记入制造费用科目
管理部门使用的固定资产	计提的折旧应记入管理费用科目
销售部门使用的固定资产	计提的折旧应记入销售费用科目
经营租出的固定资产使用的固定资产	计提的折旧应记入其他业务成本科目

企业通过编制"固定资产折旧计算表"作为固定资产折旧账务处理的依据，每月计提折旧时，可以在上月计提的折旧额的基础上，根据上月固定资产的增减变动情况调整计算出当月应计提的折旧额，计算方法如下：

当月应计提折旧额＝上月计提的折旧额＋上月增加固定资产应计提的折旧额－上月减少固定资产应计提的折旧额

每月计提的折旧额应按固定资产用途计入相关资产的成本或者当期损益费用。

【例7-4】美依达有限公司2023年2月28日编制的固定资产折旧计算表，见表7-5。

表7-5　固定资产折旧计算表

2023 年 2 月 28 日　　　　　　　　　　　　　　　　金额单位：元

使用部门	上月折旧额	上月增加固定资产应提折旧额	上月减少固定资产应提折旧额	本月折旧额
销售一部	150 000	5 000	8 000	147 000
销售二部	—	—	—	—
行政管理部门	24 000	3 000	4 500	22 500
经营性出租	18 000			18 000
合计	192 000	8 000	12 500	187 500

借：销售费用——一部　　　　　　　　　　　　147 000
　　管理费用　　　　　　　　　　　　　　　　 22 500
　　其他业务成本　　　　　　　　　　　　　　 18 000
　　贷：累计折旧　　　　　　　　　　　　　　187 500

7.1.6　固定资产折旧税收优惠政策

固定资产折旧企业所得税前扣除优惠政策如下。

《关于扩大固定资产加速折旧优惠政策适用范围的公告》（财政部 税务总局公告2019年第66号）将原适用于六大行业和四个领域重点行业企业的固定资产加速折旧的适用范围扩大至全部制造业，但具体固定资产加速折旧政策内容没有调整，仍与原有政策保持一致，具体为：一是制造业企业新购进的固定资产，可缩短折旧年限或采取加速折旧的方法；二是制造业小型微利企业新购进的研发和生产经营共用的仪器、设备，单位价值不超过100万元的，可一次性税前扣除。

《关于设备、器具扣除有关企业所得税政策的公告》（财政部 税务总局公告 2023 年第 37 号）规定：

> "一、企业在 2024 年 1 月 1 日至 2027 年 12 月 31 日期间新购进的设备、器具，单位价值不超过 500 万元的，允许一次性计入当期成本费用在计算应纳税所得额时扣除，不再分年度计算折旧；单位价值超过 500 万元的，仍按企业所得税法实施条例、《财政部 国家税务总局关于完善固定资产加速折旧企业所得税政策的通知》（财税〔2014〕75 号）、《财政部 国家税务总局关于进一步完善固定资产加速折旧企业所得税政策的通知》（财税〔2015〕106 号）等相关规定执行。
> 二、本公告所称设备、器具，是指除房屋、建筑物以外的固定资产。"

《国家税务总局关于发布修订后的〈企业所得税优惠政策事项办理办法〉的公告》（国家税务总局公告 2018 年第 23 号）中《企业所得税优惠事项管理目录（2017 年版)》明确，固定资产加速折旧或一次性扣除享受优惠时间可在预缴时享受。

固定资产一次性扣除应在投入使用次月所属年度税前扣除，税前扣除金额应包含残值。固定资产在投入使用月份的次月所属年度一次性税前扣除。

【例 7-5】假若向阳公司 2023 年第一季度利润总额为 129 万元，不属于小型微利企业。则由于 1 月份购买了价值 60 万元的汽车，允许一次性扣除，同时计提折旧 10 000 元。

因此，需要调减应纳税所得额＝600 000－10 000＝590 000（元）。

第一季度预缴企业所得税＝（1 290 000－590 000）×25%＝175 000（元）。

7.1.7　固定资产的后续支出

固定资产后续支出，是指固定资产在使用过程中发生的更新改造支出、修理费用等。基本账务处理见表 7-6。

表 7-6　固定资产的后续支出账务处理

业务情形	账务处理
固定资产转入改扩建时	借：在建工程 　　累计折旧 　　固定资产减值准备 　贷：固定资产
发生改扩建工程支出时	借：在建工程 　贷：银行存款等

业务情形	账务处理
固定资产部分替换配件	借：银行存款或原材料 　　贷：在建工程
不符合固定资产确认的	借：管理费用 　　销售费用 　　贷：原材料 　　　　应付职工薪酬 　　　　银行存款
支付使用	借：固定资产 　　贷：在建工程

【例 7-6】向阳公司对某项固定资产进行改扩建，会计资料如下：

①2023 年 1 月 3 日，该公司自行建成一条生产线，成本 540 000 元，预计使用 10 年，预计净残值率为 4%，累计折旧已提取 102 000 元，未发生减值。

②2023 年 4 月，该公司完成了改扩建工程，共发生支出 124 000 元，全部以银行存款支付。改建中废弃的原有部件变卖收入 85 000 元已存入银行。

③该生产线达到预定使用状态后，预计使用年限延长 4 年，残值率仍为的 4%，折旧方法仍使用年限平均法。

（1）2023 年 1 月 3 日，结转生产线原账面价值。

借：在建工程——生产线改造　　　　　　　　　　438 000

　　累计折旧　　　　　　　　　　　　　　　　　102 000

　　贷：固定资产　　　　　　　　　　　　　　　　　540 000

（2）2023 年 4 月 5 日，支付工程款。

借：在建工程——生产线改造　　　　　　　　　　124 000

　　贷：银行存款　　　　　　　　　　　　　　　　　124 000

（3）2023 年 4 月 5 日，改建中被废弃部件的变价收入。

借：银行存款　　　　　　　　　　　　　　　　　　85 000

　　贷：在建工程——生产线改造　　　　　　　　　　85 000

（4）2023 年 4 月 6 日，工程完工交付使用，固定资产入账金额为 477 000 元（438 000＋124 000－85 000）。

借：固定资产 477 000

    贷：在建工程——生产线改造 477 000

为了保证固定资产的正常运转和使用，充分发挥其使用效能，企业需要对固定资产进行必要的维护修理。固定资产维护修理所发生的支出，通常不能满足固定资产的确认条件，应在发生时确认为费用，直接记入当期损益。其中，企业生产车间（部门）和行政管理部门等发生的，记入"管理费用"账户，企业专设销售机构发生的，记入"销售费用"账户。

7.1.8　固定资产的期末计量

固定资产的期末计量包括两个方面，一是通过实地盘点清查反映资产的实有数量，进行账实核对；二是按一定的方法对企业的固定资产进行计价，以反映其期末价值。

企业对固定资产清查过程中盘盈、盘亏的固定资产，应填制固定资产盘盈、盘亏报告表，并及时查明原因，分清责任，按规定程序报批处理。

1. 固定资产盘盈

企业在清查中盘盈的固定资产，作为前期差错处理。盘盈的固定资产通过"以前年度损益调整"科目核算。

【例7-7】2023年年底，清水公司在财产清查中发现2021年未入账的不需要安装的甲设备一台，估计该设备八成新，同类设备的市场价格为56 000元（假定其价值与计税基础不存在差异）。

借：固定资产 56 000

    贷：以前年度损益调整 56 000

2. 固定资产盘亏

企业在清查中盘亏的固定资产，通过"待处理财产损益——待处理固定资产损溢"科目核算，盘亏造成损失的，通过"营业外支出——盘亏损失"科目核算，计入当期损益。

【例7-8】2023年年底，清水公司在财产清查中盘亏乙设备一台，该设备账面原价35 000元，已提折旧188 00元，未计提减值准备。固定资产盘盈、盘亏报告见表7-7。

（1）盘亏固定资产时。

借：待处理财产损溢——待处理固定资产损溢　　16 200

　　累计折旧　　18 800

　　贷：固定资产　　35 000

（2）报经批准转销盘亏损失时。

借：营业外支出——固定资产盘亏损失　　16 200

　　贷：待处理财产损溢——待处理固定资产损溢　　16 200

表 7-7　固定资产盘盈、盘亏报告表

单位名称：清水公司　　2023 年 12 月 31 日　　第 001 号

固定资产科目代码	固定资产名称	量单位	盘盈				盘亏或毁损					理由书编号	附注
			数量	市场价（元）	成新率	入账价值（元）	数量	固定资产入账价值（元）	已提折旧（元）	已计提减值	账面价值（元）		
001	甲设备	台	1	56 000	80%	56 000							
002	乙设备	台					1	35 000	18 800	0	16 200		

单位领导：　　技术（设备）主管：　　会计机构负责人：　　制表人：

7.1.9　固定资产减值的核算

资产负债表日，固定资产可收回金额低于其账面价值的，企业应将该固定资产的账面价值减记至可收回金额，同时确认为资产减值损失，计提固定资产减值准备。固定资产减值损失一经确认，在以后会计期间不得转回。计算公式如下：

账面净值＝固定资产的折余价值＝固定资产原价－计提的累计折旧

账面价值＝固定资产的账面原价－计提的累计折旧－计提的减值准备

计提固定资产减值时，账务处理如下：

借：资产减值损失——计提的固定资产减值准备

　　贷：固定资产减值准备

【例7-9】甲公司2021年12月购入设备价值480 000元，预计使用6年，预计不留残值采用年限平均法计提折旧。2023年末清查时发现，该设备市价大幅度下跌且近期内无望恢复。经计算该设备可回收金额为240 000元，此前未计提过减值准备。

2023年末应计提固定资产减值准备＝（480 000－160 000）－240 000＝80 000（元）

借：资产减值损失——固定资产减值损失　　　　　　　　80 000

　　贷：固定资产减值准备　　　　　　　　　　　　　　　　　80 000

自2024年起，每年计提折旧额应调整为240 000÷4＝60 000（元）

7.1.10　固定资产的处置

所谓固定资产处置，通常就是指企业固定资产的出售和对报废、毁损固定资产的处理。此外，企业因对外投资、非货币性资产交换、债务重组等原因转出固定资产，也属于固定资产处置。

（1）固定资产出售、报废或毁损的核算。

企业对出售、报废或毁损的固定资产，应设置"固定资产清理"账户进行核算。出售、报废和毁损固定资产所得净收益，应计入营业外收入（"非流动资产处置利得"项目），如为不可抗力造成净损失应计入营业外支出（属于正常的处理损失，计入"非流动资产处置损失"项目）。如果企业在筹建期间发生出售、报废和毁损固定资产处置业务，其净损益应计入或冲减管理费用。

（2）企业因对外投资、非货币性资产交换、债务重组等原因转出的固定资产，一般也通过"固定资产清理"账户进行核算，具体处理应按有关会计准则的规定进行处理。

【例7-10】向阳公司报废一台生产设备，原价2 000 000元，已提折旧145 0000元，未计提减值准备，报废资产的残料变价20 000元已存入银行，支付清理费用8 000元，设备清理完毕。

（1）结转固定资产账面价值。

借：固定资产清理　　　　　　　　　　　　　　　　　550 000

　　累计折旧　　　　　　　　　　　　　　　　　　　1 450 000

　　贷：固定资产　　　　　　　　　　　　　　　　　　　2 000 000

（2）支付清理费用。

借：固定资产清理   8 000

  贷：银行存款   8 000

（3）残料变价收入存入银行。

借：银行存款   20 000

  贷：固定资产清理   20 000

（4）结转固定资产清理。

借：营业外支出——非流动资产处置损失   538 000

  贷：固定资产清理   538 000

7.2　无形资产

无形资产是指企业拥有或者控制的没有实物形态的可辨认非货币性资产。无形资产包括社会无形资产和自然无形资产，其中社会无形资产通常包括专利权、非专利技术、商标权、著作权、特许权、土地使用权等；自然无形资产包括不具实体物质形态的天然气等自然资源等。

7.2.1　无形资产的分类

1. 按经济内容分类

无形资产按其反映的经济内容，可以分为：土地使用权、专利权、商标权、著作权、非专利技术等。

（1）土地使用权，是指国家准许某企业在一定期间内对国有土地享有开发、利用、经营的权利。企业取得土地使用权的方式大致有以下几种：行政划拨取得、外购取得及投资者投资取得。

（2）专利权，根据《中华人民共和国专利法》规定，专利权分为发明专利和实用新型及外观设计专利两种，自申请日起计算，发明专利权的期限为20年，实用新型专利权的期限为10年，外观设计专利权的期限为15年。发明者在取得专利权后，在有效期内将享有专利的独占权。

（3）商标权，根据《中华人民共和国商标法》规定，注册商标的有效期限为10年，期满可依法延长。

（4）著作权包括作品署名权、发表权、修改权和保护作品完整权，还包括复制权、发行权、出租权、展览权、表演权、放映权、广播权、信息网络传播权、摄制权、改编权、翻译权、汇编权以及应当由著作权人享有的其他权利。

（5）非专利技术也称专有技术，是指不为外界所知、在生产经营活动中已采用的、不享有法律保护的、可以带来经济效益的各种技术。非专利技术一般包括工业专有技术、商业贸易专有技术、管理专有技术等。非专利技术因为未经法定机关按法律程序批准和认可，所以不受法律保护。非专利技术没有法律上的有效年限，只有经济上的有效年限。

（6）特许权又称特许经营权、专营权，是指企业在某一地区经营或销售某种特定商品的权利，或是一家企业接受另一家企业使用其商标、商号、秘密技术等权利。

2. 按来源途径分类

无形资产按其来源途径，可以分为外来无形资产和自创无形资产。

（1）外来无形资产，是指企业通过从国内外科研单位及其他企业购进、接受投资的无形资产等方式从企业外部取得。

（2）自创无形资产，是指企业自行开发、研制的无形资产。

7.2.2 无形资产的确认条件

1. 与该资产有关的经济利益很可能流入企业

作为无形资产确认的项目，必须具备产生的经济利益很可能流入企业。通常情况下，无形资产产生的未来经济利益很可能包括在销售商品、提供劳务的收入中，或者企业使用该项无形资产而减少或节约的成本中，或体现在获得的其他利益中。因此在实务中，要确定无形资产创造的经济利益是否很可能流入企业，需要实施职业判断。

2. 该无形资产的成本能够可靠地计量

成本能够可靠地计量是资产确认的一项基本条件。对于无形资产来说，这个条件更为重要。比如，企业内部产生的品牌、报刊名等，因其成本无法可靠地计量，不作为无形资产确认。

7.2.3 无形资产的初始计量

无形资产应当按照成本进行计量，即以取得无形资产并使之达到预定用途而发生的全部支出，作为无形资产的成本。对于不同来源取得的无形资产，其初始成本的构成也不尽相同。

1. 外购无形资产的成本

外购的无形资产，其成本包括：购买价款、相关税费和相关的其他支出（含相关的借款费用）。其中，直接归属于使该项资产达到预定用途所发生的其他支出，包括使无形资产达到预定用途所发生的专业服务费用、测试无形资产是否能够正常发挥作用的费用等，但不包括为引入新产品进行宣传发生的广告费、管理费用及其他间接费用，也不包括在无形资产已经达到预定用途以后发生的费用。

企业外购无形资产，应当按照实际支付的价款。借记"无形资产"科目，贷记"银行存款"等科目。

外购房产所支付的价款中包括土地使用权和建筑物的价值的，所支付的价款应当在建筑物与土地使用权之间按照合理的方法进行分配，其中属于土地使用权的部分，借记"无形资产"科目，贷记"银行存款"等科目。

【例7-11】邻关公司购入一项非专利技术，支付买价10 000元，发生测试费500元，均以银行存款支付。企业应作会计处理如下：

借：无形资产——非专利技术　　　　　　　　　　　　　105 000

　　贷：银行存款　　　　　　　　　　　　　　　　　　105 000

【例7-12】为了拓展新业务，向阳公司购入一栋房产（包括占用的土地使用权），共支付价款3 000万元。经相关机构评估后，该项建筑物与占用的土地使用权价值相对比例为3:2，假如不考虑相关税费。

借：固定资产——建筑物　　　　　　　　　　　　　20 000 000

　　无形资产——土地使用权　　　　　　　　　　　10 000 000

　　贷：银行存款　　　　　　　　　　　　　　　　30 000 000

（1）投资者投入的无形资产的成本，应当按照评估价值和相关税费确定。

【例7-13】甲公司与乙公司签署协议购买乙公司商标权，该商标权评估价格为30 000元，甲公司另支付印花税等相关税费240元，款项已通过银行转账支付。

该商标权的初始计量，应当以取得时的成本为基础。取得时的成本为投资协议约定的价格 30 000 元，加上支付的相关税费 240 元。

甲公司账务处理如下：

借：无形资产——商标权   30 240
  贷：银行存款   30 240

（2）自行开发的无形资产的成本，由符合资本化条件后至达到预定用途前发生的支出（含相关的借款费用）构成。

2. 自行研发无形资产

一般来说，电商企业在线教育平台制作的内容一般通过网络传播展示，属于数字产品，不属于存货，一般认为是无形资产。比如教育平台录制的职称考试内容的视频等。相关会计分录如下。

借：研发支出——费用化支出
    ——资本化支出
  贷：银行存款
    应付职工薪酬——工资

（1）研究阶段的费用化支出转入当期损益。

借：管理费用——费用化支出
  贷：研发支出——费用化支出

（2）开发好后达到预售状态

借：无形资产
  贷：研发支出——资本化支出

（3）对进入无形资产的数字产品存续期间进行维护时，发生的相关费用不进入成本，而应进入期间费用。

借：销售费用——维护费
  贷：银行存款等。

对内容进行升级更新（再次开发）时要将相关的费用支出增加到无形资产。

【例 7-14】2023 年 12 月，小虎教育平台录制会计职称考试讲课内容，研发阶段发生费用 21 200 元，以银行存款支付。开发阶段支付录制人员工资 245 000 元，课程录制完成后，开始在教育平台上应用。

借：研发支出——费用化支出   21 200

	——资本化支出	245 000
贷：银行存款		21 200
应付职工薪酬——工资		245 000

（1）研究阶段的费用化支出转入当期损益。

借：管理费用——费用化支出		21 200
贷：研发支出——费用化支出		21 200

（2）会计职称考试课程录制完成达到预售状态。

借：无形资产——会计职称考试课程		245 000
贷：研发支出——资本化支出		245 000

【例 7-15】学员关平自小虎教育平台在线购买会计职称考试课程，在线支付 5 876 元。

借：银行存款		5 876
贷：主营业务收入		5 200
应交税费——应交增值税（销项税额）		676

《关于进一步完善研发费用税前加计扣除政策的公告》（财政部 税务总局公告 2023 年第 7 号）：

"一、企业开展研发活动中实际发生的研发费用，未形成无形资产计入当期损益的，在按规定实扣除的基础上，自 2023 年 1 月 1 日起，再按照实际发生额的 100% 在税前加计扣除；形成无形资产的，自 2023 年 1 月 1 日起，按照无形资产成本的 200% 在税前摊销。

二、企业享受研发费用加计扣除政策的其他政策口径和管理要求，按照《财政部 国家税务总局 科技部关于完善研究开发费用税前加计扣除政策的通知》（财税〔2015〕119 号）、《财政部 税务总局 科技部关于企业委托境外研究开发费用税前加计扣除有关政策问题的通知》（财税〔2018〕64 号）等文件相关规定执行。

三、本公告自 2023 年 1 月 1 日起执行，《财政部 税务总局关于进一步完善研发费用税前加计扣除政策的公告》（财政部 税务总局公告 2021 年第 13 号）、《财政部 税务总局 科技部关于进一步提高科技型中小企业研发费用税前加计扣除比例的公告》（财政部 税务总局 科技部公告 2022 年第 16 号）、《财政部 税务总局 科技部关于加大支持科技创新税前扣除力度的公告》（财政部 税务总局 科技部公告 2022 年第 28 号）同时废止。"

7.2.4　无形资产的摊销

1. 会计准则对无形资产摊销的规定

依据《企业会计准则第 6 号——无形资产》规定，企业应于取得无形资产时分析判断其使用寿命。无形资产的使用寿命是有限的，应当估计其使用寿命的年限或者构成使用寿命的产量等类似计量单位数量；无法预计无形资产为企业带来经济利益期限的，应视为使用寿命不确定的无形资产。

使用寿命有限的无形资产，其应摊销金额应当在使用寿命内系统合理摊销，使用寿命不确定的无形资产不予摊销。企业选择的无形资产摊销方法，应当反映与该项无形资产有关的经济利益的预期实现方式，无法可靠确定预期实现方式的，采用直线法摊销。无形资产的摊销金额一般应当计入当期损益，其他会计准则另有规定的除外。

2. 税法对无形资产摊销的规定

《中华人民共和国企业所得税法》第十二条规定，在计算应纳税所得额时，企业按照规定计算的无形资产摊销费用，准予扣除。但下列无形资产不得计算摊销费用扣除：

"（一）自行开发的支出已在计算应纳税所得额时扣除的无形资产；

（二）自创商誉；

（三）与经营活动无关的无形资产；

（四）其他不得计算摊销费用的无形资产。"

依据《中华人民共和国企业所得税法实施条例》第六十七条规定，"无形资产按照直线法计算的摊销费用，准予扣除。无形资产的摊销年限不得低于10年。作为投资或者受让的无形资产，有关法律规定或者合同约定了使用年限的，可以按照规定或者约定的使用年限分期摊销。外购商誉的支出，在企业整体转让或者清算时，准予扣除。"企业应当按月对无形资产进行摊销。无形资产的摊销额一般应当计入当期损益。企业自用的无形资产，其摊销金额记入管理费用，出租的无形资产，其摊销金额记入其他业务成本，某项无形资产包含的经济利益通过所生产的产品或其他资产实现的，其摊销金额应当计入相关资产成本。

无形资产账面净值计算公式如下：

$$账面净值＝账面余额－累计摊销$$

无形资产摊销账务处理如下。

借：制造费用（用于特定产品生产）

　　管理费用（自用的一般无形资产）

其他业务成本（出租的无形资产）

    贷：累计摊销

【例 7-16】2023 年 1 月 5 日，甲公司从其他公司购入一项商标权，以银行存款支付买价和有关费用合计 90 000 元。估计该项商标权的使用寿命为 10 年。假定这项无形资产的净残值为零，并按直线法摊销。

按年进行摊销时。

借：管理费用   9 000

    贷：累计摊销   9 000

7.2.5　无形资产的处置

无形资产的处置，主要是指无形资产出售、对外出租、对外捐赠，或者是无法为企业带来未来经济利益时，应予终止确认并转销。处置无形资产所得到的处置收入扣除其账面价值、相关税费等后的净额，应当记入营业外收入或营业外支出科目。其中，无形资产的账面价值，是指无形资产的成本扣减累计摊销后的金额。

企业处置某项无形资产，表明企业放弃无形资产的所有权，应按照实际收到的价款，借记"银行存款"等科目；按照应支付的相关税费及其他费用，按照已计提的累计摊销金额，借记"累计摊销"科目，贷记"应交税费——应交增值税""银行存款"等科目；按照其账面余额，贷记"无形资产"科目；按其差额，贷记"营业外收入"或"营业外支出"科目。

企业出售无形资产，应将所得价款与该项无形资产的账面价值之间的差额，计入当期损益（营业外收入或营业外支出）。账务处理如下：

借：银行存款

    累计摊销

    无形资产减值准备

    营业外支出——非流动资产处置利得损失

    贷：无形资产

        应交税费——应交增值税（销项税额）

        营业外收入——非流动资产处置利得

【例 7-17】甲公司拥有 A 专利技术，根据市场调查，用其生产的产品已没有市场，决定应予转销。转销时，该项专利技术的原值为 468 000 元，摊销期限为 10 年，采用直线法进行摊销，已累计摊销 135 600 元，假定该项专利权的残值为零，已累计计提的减值准备为 230 000 元，假定不考虑其他相关因素。

借：累计摊销   135 600
  无形资产减值准备   230 000
  营业外支出——处置非流动资产损失   102 400
  贷：无形资产——专利权   468 000

第8章
电商企业应交税费的核算

本章主要介绍增值税、附加税费、车辆购置税、企业所得税、个人所得税的相关内容。

8.1 应交增值税的核算

增值税是指对从事销售货物或者加工、修理修配劳务及进口货物的单位和个人取得的增值额为计税依据征收的一种流转税。目前执行的《中华人民共和国增值税暂行条例》是 1993 年 12 月 13 日中华人民共和国国务院令第134 号发布，以及 2017 年 11 月 19 日《国务院关于废止〈中华人民共和国营业税暂行条例〉和修改〈中华人民共和国增值税暂行条例〉的决定》第二次修订。目前，增值税立法的呼声较高，2019 年 11 月 27 日，财政部、国家税务总局就《中华人民共和国增值税法（征求意见稿）》向社会公开征求意见。2022 年 12 月 27 日，《中华人民共和国增值税法（草案）》提请十三届全国人大常委会第三十八次会议首次审议，因此增值税立法指日可待。

8.1.1 增值税纳税人与税率

1. 纳税人

在中华人民共和国境内销售货物、服务、无形资产、不动产，以及进口货物的单位和个人，为增值税的纳税人。

2. 税率

增值税均实行比例税率：绝大多数一般纳税人适用基本税率、低税率或零税率；小规模纳税人和采用简易办法征税的一般纳税人，适用征收率。

增值税的税率，适用于一般纳税人，目前有13%、9%、6%和0共四档税率。

与增值税税率不同，征收率只是计算纳税人应纳增值税税额的一种尺度，不能体现货物或劳务的整体税收负担水平。适用征收率的货物和劳务，不得抵扣进项税额。最新增值税税率表，见表8-1。

表8-1 最新增值税税率表

序号	税　　目	税率
1	销售或进口货物（另有列举的货物除外）	13%
2	提供加工、修理修配劳务	13%
3	提供有形动产租赁服务	13%
4	销售或进口农产品（含粮食）	9%
5	交通运输服务	9%
6	不动产租赁服务	9%
7	邮政服务	9%
8	基础电信服务	9%
9	建筑服务	9%
10	运输服务	9%
11	转让土地使用权	9%
12	饲料、化肥、农药、农机、农膜、粮食等农产品、食用植物油、食用盐	9%
13	自来水、暖气、冷气、热水、煤气、石油液化气、天然气、二甲醚、沼气、居民用煤炭制品	9%
14	图书、报纸、杂志、音像制品、电子出版物	9%
15	增值电信服务	6%
16	金融服务	6%
17	现代服务（除租赁服务外）	6%
18	生活服务	6%
19	销售无形资产（除土地使用权外）	6%

序号	税　　　目	税率
20	出口货物	0
21	跨境销售国务院规定范围内的服务、无形资产	0

（1）增值税的征收率有两档：一般情况 3％，特殊情况 5％。财政部和国家税务总局另有规定的除外。

（2）预征率。增值税预征率是为了保障税款按期均衡入库，对课税对象先行征收税款的征收比例，有 2％、3％、5％三档。

《关于明确增值税小规模纳税人减免增值税等政策的公告》（财政部 税务总局公告 2023 年第 1 号）规定：

> "一、自 2023 年 1 月 1 日至 2023 年 12 月 31 日，对月销售额 10 万元以下（含本数）的增值税小规模纳税人，免征增值税。
> 二、自 2023 年 1 月 1 日至 2023 年 12 月 31 日，增值税小规模纳税人适用 3％征收率的应税销售收入，减按 1％征收率征收增值税；适用 3％预征率的预缴增值税项目，减按 1％预征率预缴增值税。"

《关于增值税小规模纳税人减免增值税政策的公告》（财政部 税务总局公告 2023 年第 19 号）规定：

> "为进一步支持小微企业和个体工商户发展，现将延续小规模纳税人增值税减免政策公告如下：
> 一、对月销售额 10 万元以下（含本数）的增值税小规模纳税人，免征增值税。
> 二、增值税小规模纳税人适用 3％征收率的应税销售收入，减按 1％征收率征收增值税；适用 3％预征率的预缴增值税项目，减按 1％预征率预缴增值税。
> 三、本公告执行至 2027 年 12 月 31 日。"

8.1.2　增值税进项税额抵扣

增值税进项税额抵扣有认证抵扣和计算抵扣两种方式，而增值税的抵扣是针对一般纳税人而言，小规模纳税人是用不到进项税额抵扣凭证的。增值税抵扣凭证种类见表 8-2。

表 8-2 增值税抵扣凭证种类一览表

	抵扣凭证种类	出具方	抵扣金额	备注
1	增值税专用发票	销售方或通过税务机关代开	注明的增值税税额	—
2	增值税电子普通发票	销售方或通过税务机关代开	注明的增值税税额	适用于纳税人取得的客运服务、道路通行费增值税电子发票的抵扣
3	机动车销售统一发票	销售方	注明的增值税税额	
4	海关进口增值税缴款书	海关	注明的增值税税额	进口环节的增值税由海关代征
5	税收缴款凭证	税务机关	注明的增值税税额	预缴税款、代扣代缴税收缴款、接受境外单位或者个人提供的应税服务时适用
6	农产品销售发票	销售方	买价×10%	（1）由卖方开具，不打印"收购"两字，主要有农场、农村合作社销售农产品时开具和农业生产者个人销售自产农产品，到税务机关代开的免税普通发票。（2）买价，是指纳税人购进农产品在收购发票或者销售发票上注明的价款和按照规定缴纳的烟叶税。（3）购进用于生产或者委托加工13%税率货物的农产品
7	农产品收购发票	购货方	买价×9%	（1）适用于未分别核算用于生产销售或委托受托加工13%税率货物和其他货物服务的情形。（2）收购发票是买方开具，发票左上角打印"收购"两字

抵扣凭证种类		出具方	抵扣金额	备注
8	道路、桥、闸通行费	高速公路及一级、二级公路依法收取通行费的相关单位	增值税电子普通发票上注明的增值税额	（1）只有桥、闸的通行费抵扣属于计算抵扣。 （2）收费公路通行费增值税电子普通发票需要经过认证才能抵扣
		桥、闸等依法收取通行费的相关单位	桥、闸通行费发票上注明的金额÷（1＋5%）×5%	
9	土地出让金省级以上（含）财政部门监（印）制的财政票据	政府相关部门	票据上注明的金额÷（1＋9%）×9%	财政票据不是严格意义上的抵扣凭证，是房地产行业销售额的扣除项目
10	注明旅客身份信息的航空运输电子客票行程单、火车票、汽车票等	客运服务提供方	（1）航空旅客运输进项税额＝（票价＋燃油附加费）÷（1＋9%）×9% （2）铁路旅客运输进项税额＝票面金额÷（1＋9%）×9% （3）公路、水路等其他旅客运输进项税额＝票面金额÷（1＋3%）×3%	（1）对于取得未注明旅客身份信息的出租票、公交车票等，不得计算抵扣。 （2）纳税人取得客运服务增值税电子普通发票的，为发票上注明的税额

8.1.3 增值税专用发票认证方式

实务中，发票认证主要有以下几种方式：

（1）网上"勾选认证"。网上认证比较方便，效率较高，但并非所有企业都允许适用这种方式。

（2）自购终端"扫描认证"。企业可购买增值税专用发票认证专用设备，每年有服务费，相对便利一些。自行认证通不过的，可以去办税大厅认证。

（3）办税大厅"扫描认证"。不具备上述条件的纳税人可以选择去国税局大厅进行"扫描认证"，一般通过办税大厅的自助认证终端进行，也可以通过大厅前台工作人员认证。经常需要排队，时间成本较高。

需要注意的是，纳税人的下列进项税额不得从其销项税额中抵扣：

（1）适用简易计税方法计税项目对应的进项税额；

（2）免征增值税项目对应的进项税额；

（3）非正常损失项目对应的进项税额；

（4）购进并用于集体福利或者个人消费的货物、服务、无形资产、不动产对应的进项税额；

（5）购进并直接用于消费的餐饮服务、居民日常服务和娱乐服务对应的进项税额；

（6）国务院财政、税务主管部门规定的其他进项税额。

8.1.4　一般纳税人增值税销售额

销售额为纳税人销售货物或提供应税劳务向购买方收取的全部价款和价外费用。向购买方收到的各种价外费用包括：手续费、补贴、基金、集资费、返还利润、奖励费、违约金（延期付款利息）、包装费、包装物租金、储备费、优质费、运输装卸费、代收款项、代垫款项及其他各种性质的价外收费。上述价外费用无论其会计制度如何核算，都应并入销售额计税。

但上述价外费用不包括以下各项费用。

（1）受托加工应征消费税的消费品所代收代缴的消费税。

（2）同时符合以下条件的代垫运输费用：①承运部门的运输费用发票开具给购买方的；②纳税人将该项发票转交给购买方的。

（3）同时符合以下条件代为收取的政府性基金或者行政事业性收费：①由国务院或者财政部批准设立的政府性基金，由国务院或者省级人民政府及其财政、价格主管部门批准设立的行政事业性收费；②收取时开具省级以上财政部门印制的财政票据；③所收款项全额上缴财政。

（4）销售货物的同时代办保险等而向购买方收取的保险费，以及向购买方收取的代购买方缴纳的车辆购置税、车辆牌照费。

上述所说的销售额，不包括按照一般计税方法计算的销项税额和按照简易计税方法计算的应纳税额。特殊情况下，可以按照差额计算销售额。

1. 特殊销售行为销售额的认定

在销售活动中，为了达到促销的目的，有多种销售方式。税法对以下几种销售方式分别作了规定，见表8-3。

表8-3 特殊销售行为销售额的认定

销售方式	销项税额的认定
采取折扣方式	（1）销售额和折扣额在同一张发票上分别注明的，可按折扣后的销售额征收增值税。 （2）未在同一张发票上分别注明的，以价款为销售额，不得扣减折扣额
以旧换新方式	应按新货物的同期销售价格确定销售额，不得扣减旧货物的收购价格。但对金银首饰以旧换新业务，可以按销售方实际收取的不含增值税的全部价款征收增值税
还本销售方式	其销售额就是货物的销售价格，不得从销售额中减除还本支出
以物易物方式	以物易物双方都应作购销处理，以各自发出的货物核算销售额，以各自收到的货物计算进销税额
直销方式	直销企业的销售额为其向消费者收取的全部价款和价外费用
视同销售货物的方式	（1）按纳税人最近时期同类货物的平均销售价格确定
	（2）按其他纳税人最近时期同类货物的平均销售价格确定
	（3）按组成计税价格确定。公式为 组成计税价格＝成本×（1+成本利润率）

纳税人进口货物，按照组成计税价格和税率计算应纳税额。组成计税价格和应纳税额计算公式：

组成计税价格＝关税完税价格＋关税＋消费税

应纳税额＝组成计税价格×税率

纳税人购进货物或者应税劳务，取得的增值税扣税凭证不符合法律、行政法规或者国务院税务主管部门有关规定的，其进项税额不得从销项税额中抵扣。

2. 当期销项税额的确定

销售额是不含税销售额，销售额中不含增值税额本身。含税销售额按照以下公式换算：

$$销售额＝含税销售额÷（1＋税率或者征收率）$$
$$当期销项税额＝组成计税价格×税率$$

（1）外币销售额的折算。纳税人按照人民币以外的货币结算销售额的，应当折合成人民币计算，折合率可以选择销售额发生的当天或者当月1日的人民币汇率中间价。纳税人应当在事先确定采用何种折合率，确定后12个月内不得变更。

（2）折扣销售的处理。折扣销售，是指销售方在销售货物或应税劳务、发生应税行为时，因购买方购买数量较大等原因而给予购买方的价格优惠。根据《国家税务总局关于折扣额抵减增值税应税销售额问题通知》（国税函〔2010〕56号）文件规定，"纳税人采取折扣方式销售货物，如果销售额和折扣额在同一张发票上分别注明的，可按折扣后的销售额征收增值税。

纳税人采取折扣方式销售货物，销售额和折扣额在同一张发票上分别注明是指销售额和折扣额在同一张发票上的"金额"栏分别注明的，可按折扣后的销售额征收增值税。未在同一张发票"金额"栏注明折扣额，而仅在发票的"备注"栏注明折扣额的，折扣额不得从销售额中减除。"

（3）发生销售折让、中止或者退回的销售处理。纳税人发生应税行为因销售折让、中止或者退回的，应扣减当期的销项税额（一般计税方法）或销售额（简易计税方法）。

8.1.5 增值税会计处理

一般纳税人应该在"应交增值税"明细账内设置子目，如图8-1所示。

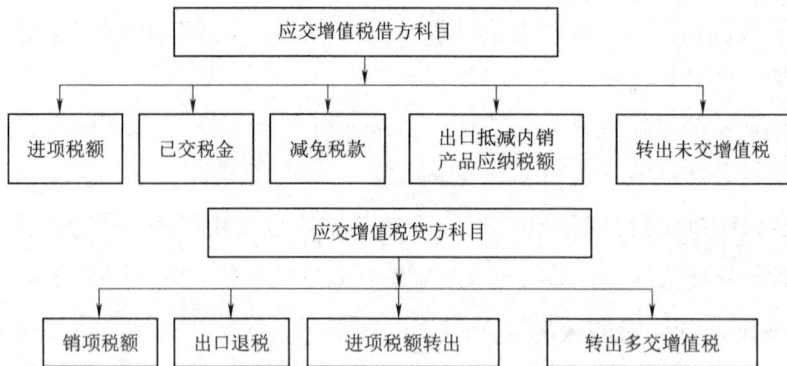

图8-1 增值税应设子目

应交增值税的账务处理，见表8-4。

表8-4 应交增值税的账务处理

缴纳时间	账务处理
当月缴纳税款	借：应交税费——应交增值税（已交税金） 　　　　　　——应交增值税（小规模纳税人） 贷：银行存款
当月缴纳以前月份税款	借：应交税费——未交增值税 贷：银行存款
税款减免的账务处理	借：应交税费——应交增值税（减免税款） 贷：营业外收入
税款返还	借：银行存款 贷：营业外收入
当月应交未交的增值税	借：应交税费——应交增值税（转出未交增值税） 贷：应交税费——未交增值税
当月多交的增值税	借：应交税费——未交增值税 贷：应交税费——转出多交增值税
当月预交增值税	借：应交税费——应交增值税（预交增值税） 贷：银行存款 月末，转入未交增值税 借：应交税费——未交增值税 贷：应交税费——预交增值税
期末留抵	借：应交税费——增值税留抵税额 贷：应交税费——应交增值税（进项税额转出）

8.1.6 小规模纳税人

1. 小规模纳税人应纳税额的计算

小规模纳税人销售货物或提供应税劳务，其应纳税额的计算不适用扣税法，而是实行按照销售额和征收率计算应纳税额的简易办法，并不得抵扣进项税额。

其计算公式为：

$$应纳税额＝销售额×征收率$$

小规模纳税人销售自己使用过的固定资产和旧货，按下列公式确定销售额和应纳税额：

$$销售额＝含税销售额÷（1＋3\%）$$

$$应纳税额＝销售额×2\%$$

2. 小规模纳税人的账务处理

小规模纳税人只需设置"应交增值税"明细科目，不需要在"应交增值税"明细科目中设置上述专栏。

小规模纳税人增值税会计处理，见表8-5。

表8-5　小规模纳税人增值税会计处理

财务情景	账务处理
购入货物或接受应税劳务的会计处理	借：材料采购（原材料、制造费用、管理费用、销售费用、其他业务成本等科目） 　　贷：银行存款（应付账款、应付票据等科目）
销售货物或提供应税劳务的会计处理	借：银行存款（"应收账款""应收票据"等科目） 　　贷：主营业务收入（"主营业务收入""其他业务收入"等科目） 　　　　应交税费——应交增值税 注：发生的销货退回，作相反的会计分录
缴纳增值税款的会计处理	借：应交税费——应交增值税 　　贷：银行存款等科目 收到退回多缴的增值税时，作相反的会计分录

根据《中华人民共和国增值税暂行条例》的规定，小规模纳税人会计核算健全，能够提供准确税务资料的，可以向主管税务机关申请资格认定，不作为小规模纳税人，依照有关规定计算应纳税额。

8.1.7　增值税纳税时间与地点

根据规定，增值税纳税义务发生时间和地点如下。

（1）发生应税交易，纳税义务发生时间为收讫销售款项或者取得销售款项索取凭据的当日；先开具发票的，为开具发票的当日。

（2）视同发生应税交易，纳税义务发生时间为视同发生应税交易完成的当日。

（3）进口货物，纳税义务发生时间为货物进入关境的当日。

增值税扣缴义务发生时间为纳税人增值税纳税义务发生的当日。

增值税由税务机关征收，进口货物的增值税由海关代征。

个人携带或者邮寄进境自用物品的增值税，连同关税一并计征。具体办法由国务院关税税则委员会会同有关部门制定。

《中华人民共和国增值税法》规定：

第二十四条　下列项目免征增值税：

（一）农业生产者销售的自产农产品，农业机耕、排灌、病虫害防治、植物保护、农牧保险以及相关技术培训业务，家禽、牲畜、水生动物的配种和疾病防治；

（二）医疗机构提供的医疗服务；

（三）古旧图书，自然人销售的自己使用过的物品；

（四）直接用于科学研究、科学试验和教学的进口仪器、设备；

（五）外国政府、国际组织无偿援助的进口物资和设备；

（六）由残疾人的组织直接进口供残疾人专用的物品，残疾人个人提供的服务；

（七）托儿所、幼儿园、养老机构、残疾人服务机构提供的育养服务，婚姻介绍服务，殡葬服务；

（八）学校提供的学历教育服务，学生勤工俭学提供的服务；

（九）纪念馆、博物馆、文化馆、文物保护单位管理机构、美术馆、展览馆、书画院、图书馆举办文化活动的门票收入，宗教场所举办文化、宗教活动的门票收入。

前款规定的免税项目具体标准由国务院规定。

8.2　附加税费

本节主要介绍城市维护建设税（以下简称城建税）、教育费附加、印花税费的相关内容。

8.2.1　城市维护建设税

在中华人民共和国境内缴纳增值税、消费税的单位和个人，为城建税的纳税人，应当依照《中华人民共和国城市维护建设税法》（2020 年 8 月 11 日第十三届全国人民代表大会常务委员会第二十一次会议通过）规定缴纳城市维护建设税。

1. 税率

城建税税率如下：

（1）纳税人所在地在市区的，税率为7%；

（2）纳税人所在地在县城、镇的，税率为5%；

（3）纳税人所在地不在市区、县城或者镇的，税率为1%。

2. 计税依据

城建税以纳税人依法实际缴纳的增值税、消费税税额为计税依据。

3. 征收规定

（1）进口不征出口不退。对进口货物或者境外单位和个人向境内销售劳务、服务、无形资产缴纳的增值税、消费税税额，不征收城建税。因为进口货物或境外单位个人销售，没有享受国内的市政利益，所以不需要征，同理出口也不会退还城建税。

（2）免抵税额要征。增值税免抵税额，形式上看似没有实际缴纳，其实在计算出口退税中抵减了，所以需要计算缴纳城建税。

（3）直接减免不征。直接减免的增值税、消费税，无须计算城建税。

（4）留抵退税扣减。留抵退税额，是指按照规定已经退还的增值税期末留抵税额。纳税人自收到留抵退税额之日起，应当在以后纳税申报期从城建税计税依据中扣除。

留抵退税额只允许在按照增值税一般计税方法确定的城建税计税依据中扣除。当期未扣除完的余额，在以后纳税申报期按规定继续扣除。

增值税预缴税款时，附征的城建税的计税依据不允许扣除期末留抵退还的增值税税额。

（5）"两税"退税。因纳税人多缴发生的两税退税，同时退还已缴纳的城建税。"两税"实行先征后返、先征后退、即征即退的，除另有规定外，不予退还随两税附征的城建税。

4. 计算公式与优惠政策规定

计算公式与政策规定如下：

应纳税额＝（实际缴纳的增值税税额＋实际缴纳消费税税额）×适用税率

《财政部 国家税务总局关于城市维护建设税计税依据确定办法等事项的公告》（财政部 税务总局公告 2021 年第 28 号）：

"一、城市维护建设税以纳税人依法实际缴纳的增值税、消费税税额（以下简称两税税额）为计税依据。

依法实际缴纳的两税税额，是指纳税人依照增值税、消费税相关法律法规和税收政策规定计算的应当缴纳的两税税额（不含因进口货物或境外单位和个人向境内销售劳务、服务、无形资产缴纳的两税税额），加上增值税免抵税额，扣除直接减免的两税税额和期末留抵退税退还的增值税税额后的金额。

直接减免的两税税额，是指依照增值税、消费税相关法律法规和税收政策规定，直接减征或免征的两税税额，不包括实行先征后返、先征后退、即征即退办法退还的两税税额。

二、教育费附加、地方教育附加计征依据与城市维护建设税计税依据一致，按本公告第一条规定执行。

三、本公告自 2021 年 9 月 1 日起施行。"

8.2.2 教育费附加

《财政部关于统一地方教育附加政策有关问题的通知》（财综〔2010〕98号）的要求，全面开征地方教育附加。地方教育附加统一按增值税、消费税实际缴纳税额的 2% 征收。

（1）教育费附加出口不退，进口不征。

（2）对由于减免增值税、消费税而发生的退税，可同时退还已征收的教育费附加。

1. 核算科目

通过"税金及附加"账户核算。企业按规定计算应缴的教育费附加时，借记"税金及附加"科目，贷记"应交税费——应交教育费附加"科目。

教育费附加是以各单位和个人实际缴纳的增值税、消费税的税额为计征依据，分别以增值税、消费税合计数进行计算缴纳。其税率为 3%。

教育费附加 =（实际缴纳的增值税 + 实际缴纳的消费税）× 3%

2. 征收规定

（1）教育费附加由税务局征收。

（2）纳税人不按规定期限缴纳教育费附加，需处以滞纳金和罚款的，由县、市人民政府规定。

（3）海关进口产品征收的增值税、消费税、不征收教育费附加。

【例8-1】 2023年3月，小明公司被查补增值税43 000元、消费税13 000元、企业所得税30 000元，且加收滞纳金2 000元，罚款8 000元。城建税7%，教育费附加及地方教育附加税率分别为3%、2%。

该企业应补缴城建税、教育费附加及地方教育附加＝（43 000＋13 000）×（7%＋3%＋2%）＝6 720（元）

【例8-2】 位于某市市区的甲企业（城建税适用税率为7%），于2023年10月申报期，享受直接减免增值税优惠（不包含先征后退、即征即退）后申报缴纳增值税55万元，9月已核准增值税免抵税额8万元（其中涉及出口货物5万元，涉及增值税零税率应税服务3万元），9月收到增值税留抵退税额2万元。

该企业10月应申报缴纳的城建税为＝（55＋5＋3－2）×7%＝4.27（万元）

8.2.3　印花税

根据《中华人民共和国印花税法》规定，借款合同、买卖合同、技术合同、证券交易等税目维持现行税率不变；加工承揽合同、建设工程勘察设计合同、货物运输合同的税率由万分之五降为万分之三；营业账簿的税率由万分之五降为万分之二点五。此外，取消对权利、许可证照每件征收5元印花税的规定。

1. 纳税人

根据《关于印花税若干事项政策执行口径的公告》（财政部 税务总局公告2022年第22号）规定：

"（一）书立应税凭证的纳税人，为对应税凭证有直接权利义务关系的单位和个人。

（二）采用委托贷款方式书立的借款合同纳税人，为受托人和借款人，不包括委托人。

（三）按买卖合同或者产权转移书据税目缴纳印花税的拍卖成交确认书纳税人，为拍卖标的的产权人和买受人，不包括拍卖人。"

2. 应税凭证

在中华人民共和国境外书立在境内使用的应税凭证，应当按规定缴纳印花税。包括以下几种情形：

（1）应税凭证的标的为不动产的，该不动产在境内；

（2）应税凭证的标的为股权的，该股权为中国居民企业的股权；

（3）应税凭证的标的为动产或者商标专用权、著作权、专利权、专有技术使用权的，其销售方或者购买方在境内，但不包括境外单位或者个人向境内单位或者个人销售完全在境外使用的动产或者商标专用权、著作权、专利权、专有技术使用权；

（4）应税凭证的标的为服务的，其提供方或者接受方在境内，但不包括境外单位或者个人向境内单位或者个人提供完全在境外发生的服务。

企业之间书立的确定买卖关系、明确买卖双方权利义务的订单、要货单等单据，且未另外书立买卖合同的，应当按规定缴纳印花税。

发电厂与电网之间、电网与电网之间书立的购售电合同，应当按买卖合同税目缴纳印花税。

需要注意的是，下列情形的凭证，不属于印花税征收范围：

（1）人民法院的生效法律文书，仲裁机构的仲裁文书，监察机关的监察文书。

（2）县级以上人民政府及其所属部门按照行政管理权限征收、收回或者补偿安置房地产书立的合同、协议或者行政类文书。

（3）总公司与分公司、分公司与分公司之间书立的作为执行计划使用的凭证。

3. 计税依据

印花税的计税依据如下：

（1）应税合同的计税依据，为合同所列的金额，不包括列明的增值税税款；

（2）应税产权转移书据的计税依据，为产权转移书据所列的金额，不包括列明的增值税税款；

（3）应税营业账簿的计税依据，为账簿记载的实收资本（股本）、资本公积合计金额；

（4）证券交易的计税依据，为成交金额。

4. 应纳税额

印花税的应纳税额按照计税依据乘以适用税率计算。

（1）同一应税凭证载有两个以上税目事项并分别列明金额的，按照各自适用的税目税率分别计算应纳税额；未分别列明金额的，从高适用税率。

（2）同一应税凭证由两方以上当事人书立的，按照各自涉及的金额分别计算应纳税额。

（3）已缴纳印花税的营业账簿，以后年度记载的实收资本（股本）、资本公积合计金额比已缴纳印花税的实收资本（股本）、资本公积合计金额增加的，按照增加部分计算应纳税额。

5. 税目、税率

《中华人民共和国印花税法》税目税率见表 8-6。

表 8-6　印花税税目税率表

税目		税率	备注
合同（指书面合同）	借款合同	借款金额的万分之零点五	指银行业金融机构、经国务院银行业监督管理机构批准设立的其他金融机构与借款人（不包括同业拆借）的借款合同
	融资租赁合同	租金的万分之零点五	—
	买卖合同	价款的万分之三	指动产买卖合同（不包括个人书立的动产买卖合同）
	承揽合同	报酬的万分之三	—
	建设工程合同	价款的万分之三	—
	运输合同	运输费用的万分之三	指货运合同和多式联运合同（不包括管道运输合同）
	技术合同	价款、报酬或者使用费的万分之三	不包括专利权、专用技术使权转让书据
	租赁合同	租金的千分之一	—
	保管合同	保管费的千分之一	—
	仓储合同	仓储费的千分之一	—
	财产保险合同	保险费的千分之一	不包括再保险合同
产权转移书据	土地使用权出让书据	价款的万分之五	转让包括买卖（出售）、继承、赠与、互换、分割

税目		税率	备注
产权转移书据	土地使用权、房屋等建筑物和构筑物所有权转让书据（不包括土地承包经营权和土地经营权转移）	价款的万分之五	转让包括买卖（出售）、继承、赠与、互换、分割
	股权转让书据（不包括应缴纳证券交易印花税的）	价款的万分之五	
	商标专用权、著作权、专利权、专有技术使用权转让书据	价款的万分之三	
营业账簿		实收资本（股本）、资本公积合计金额的万分之二点五	
证券交易		成交金额的千分之一	

6. 纳税时间与地点

印花税票由国务院税务主管部门监制。印花税可以采用粘贴印花税票或者由税务机关依法开具其他完税凭证的方式缴纳。印花税票粘贴在应税凭证上的，由纳税人在每枚税票的骑缝处盖戳注销或者画销。

印花税按季、按年或者按次计征。实行按季、按年计征的，纳税人应当自季度、年度终了之日起15日内申报缴纳税款；实行按次计征的，纳税人应当自纳税义务发生之日起15日内申报缴纳税款。

证券交易印花税按周解缴。证券交易印花税扣缴义务人应当自每周终了之日起5日内申报解缴税款以及银行结算的利息。

7. 相关优惠政策

《中华人民共和国印花税法》第十二条，下列凭证免征印花税：

> "（一）应税凭证的副本或者抄本；
> （二）依照法律规定应当予以免税的外国驻华使馆、领事馆和国际组织驻华代表机构为

获得馆舍书立的应税凭证；

（三）中国人民解放军、中国人民武装警察部队书立的应税凭证；

（四）农民、家庭农场、农民专业合作社、农村集体经济组织、村民委员会购买农业生产资料或者销售农产品书立的买卖合同和农业保险合同；

（五）无息或者贴息借款合同、国际金融组织向中国提供优惠贷款书立的借款合同；

（六）财产所有权人将财产赠与政府、学校、社会福利机构、慈善组织书立的产权转移书据；

（七）非营利性医疗卫生机构采购药品或者卫生材料书立的买卖合同；

（八）个人与电子商务经营者订立的电子订单。"

《关于支持小微企业融资有关税收政策的公告》（财政部 税务总局公告2023年第13号）规定：

"为继续加大对小微企业的支持力度，推动缓解融资难、融资贵问题，现将有关税收政策公告如下：

一、对金融机构向小型企业、微型企业及个体工商户发放小额贷款取得的利息收入，免征增值税。金融机构应将相关免税证明材料留存备查，单独核算符合免税条件的小额贷款利息收入，按现行规定向主管税务机关办理纳税申报；未单独核算的，不得免征增值税。

二、对金融机构与小型企业、微型企业签订的借款合同免征印花税。

三、本公告所称小型企业、微型企业，是指符合《中小企业划型标准规定》（工信部联企业〔2011〕300号）的小型企业和微型企业。其中，资产总额和从业人员指标均以贷款发放时的实际状态确定；营业收入指标以贷款发放前12个自然月的累计数确定，不满12个自然月的，按照以下公式计算：

营业收入（年）＝企业实际存续期间营业收入÷企业实际存续月数×12

四、本公告所称小额贷款，是指单户授信小于100万元（含本数）的小型企业、微型企业或个体工商户贷款；没有授信额度的，是指单户贷款合同金额且贷款余额在100万元（含本数）以下的贷款。

五、本公告执行至2027年12月31日。"

8.3 车辆购置税

根据《中华人民共和国车辆购置税法》规定，在中华人民共和国境内购置汽车、有轨电车、汽车挂车、排气量超过150毫升的摩托车（以下统称应税车辆）的单位和个人，为车辆购置税的纳税人，应当依照本法规定缴纳车辆购置税。

8.3.1　征税范围、税率与纳税期限

1. 征税范围

以列举的车辆作为征税对象，未列举的车辆不纳税。其征税范围包括汽车、摩托车、电车、挂车、农用运输车。

车辆购置税的征收范围由国务院决定，其他任何部门、单位和个人无权擅自扩大或缩小。

2. 税率

统一比例税率10%。

3. 应纳税额的计算

车辆购置税的税率为百分之十。

应纳税额＝计税价格×税率

4. 纳税期限

表 8-7　车辆购置税纳税期限

业务情形	纳税期限
购买自用应税车辆的	自购买之日（即购车发票上注明的销售日期）起 60 日内申报纳税
进口自用应税车辆的	自进口之日（报关进口的当天）起 60 日内申报纳税
自产、受赠、获奖和以其他方式取得并自用的应税车辆	自取得之日起 60 日内申报纳税
免税车辆因转让、改变用途等原因，其免税条件消失的	在免税条件消失之日起 60 日内到主管税务机关重新申报纳税

8.3.2　相关优惠政策

《财政部　税务总局关于进一步实施小微企业"六税两费"减免政策的公告》（财政部　税务总局公告 2022 年第 10 号）规定：

"为进一步支持小微企业发展，现将有关税费政策公告如下：

一、由省、自治区、直辖市人民政府根据本地区实际情况，以及宏观调控需要确定，对增值税小规模纳税人、小型微利企业和个体工商户可以在50%的税额幅度内减征资源税、城市维护建设税、房产税、城镇土地使用税、印花税（不含证券交易印花税）、耕地占用税和教育费附加、地方教育附加。

二、增值税小规模纳税人、小型微利企业和个体工商户已依法享受资源税、城市维护建设税、房产税、城镇土地使用税、印花税、耕地占用税、教育费附加、地方教育附加其他优惠政策的，可叠加享受本公告第一条规定的优惠政策。

三、本公告所称小型微利企业，是指从事国家非限制和禁止行业，且同时符合年度应纳税所得额不超过300万元、从业人数不超过300人、资产总额不超过5 000万元等三个条件的企业。

从业人数，包括与企业建立劳动关系的职工人数和企业接受的劳务派遣用工人数。所称从业人数和资产总额指标，应按企业全年的季度平均值确定。具体计算公式如下：

季度平均值＝（季初值＋季末值）÷2

全年季度平均值＝全年各季度平均值之和÷4

年度中间开业或者终止经营活动的，以其实际经营期作为一个纳税年度确定上述相关指标。

小型微利企业的判定以企业所得税年度汇算清缴结果为准。登记为增值税一般纳税人的新设立的企业，从事国家非限制和禁止行业，且同时符合申报期上月末从业人数不超过300人、资产总额不超过5 000万元等两个条件的，可在首次办理汇算清缴前按照小型微利企业申报享受第一条规定的优惠政策。

四、本公告执行期限为2022年1月1日至2024年12月31日。"

8.4 企业所得税

企业所得税，又称公司所得税或法人所得税，是国家对企业生产经营所得和其他所得征收的一种所得税。

8.4.1 企业所得税要素

税法规定，在中华人民共和国境内，企业和其他取得收入的组织（以下统称企业）为企业所得税的纳税人，依照企业所得税法的规定缴纳企业所得税。但个人独资企业、合伙企业不交企业所得税。企业所得税的纳税人分为居民企业和非居民企业，各自承担不同的纳税义务。

1. 税率

企业所得税税率为25%。根据我国相关法律的规定，一般企业所得税税率为 25%。而以下企业存在例外：

（1）需要重点扶持的高新技术企业，税率为 15%；

（2）小型微利企业，税率为 20%；

（3）非居民企业，税率为 20%。

《财政部 税务总局关于进一步实施小微企业所得税优惠政策的公告》（公告 2022 年第 13 号）规定，2022 年 1 月 1 日至 2024 年 12 月 31 日，对小型微利企业年应纳税所得额超过 100 万元但不超过 300 万元的部分，减按 25% 计入应纳税所得额，按 20% 的税率缴纳企业所得税，实际税负从 10% 将至 5%。

《国家税务总局关于落实小型微利企业所得税优惠政策征管问题的公告》（国家税务总局公告 2023 年第 6 号）规定：

"一、符合财政部、税务总局规定的小型微利企业条件的企业（以下简称小型微利企业），按照相关政策规定享受小型微利企业所得税优惠政策。

企业设立不具有法人资格分支机构的，应当汇总计算总机构及其各分支机构的从业人数、资产总额、年度应纳税所得额，依据合计数判断是否符合小型微利企业条件。

二、小型微利企业无论按查账征收方式或核定征收方式缴纳企业所得税，均可享受小型微利企业所得税优惠政策。

三、小型微利企业在预缴和汇算清缴企业所得税时，通过填写纳税申报表，即可享受小型微利企业所得税优惠政策。

小型微利企业应准确填报基础信息，包括从业人数、资产总额、年度应纳税所得额、国家限制或禁止行业等，信息系统将为小型微利企业智能预填优惠项目、自动计算减免税额。

四、小型微利企业预缴企业所得税时，从业人数、资产总额、年度应纳税所得额指标，暂按当年度截至本期预缴申报所属期末的情况进行判断。

五、原不符合小型微利企业条件的企业，在年度中间预缴企业所得税时，按照相关政策标准判断符合小型微利企业条件的，应按照截至本期预缴申报所属期末的累计情况，计算减免税额。当年度此前期间如因不符合小型微利企业条件而多预缴的企业所得税税款，可在以后季度应预缴的企业所得税税款中抵减。

六、企业预缴企业所得税时享受了小型微利企业所得税优惠政策，但在汇算清缴时发现不符合相关政策标准的，应当按照规定补缴企业所得税税款。

七、小型微利企业所得税统一实行按季度预缴。

按月度预缴企业所得税的企业，在当年度 4 月、7 月、10 月预缴申报时，若按相关政策标准判断符合小型微利企业条件的，下一个预缴申报期起调整为按季度预缴申报，一经调整，当年度内不再变更。

八、本公告自 2023 年 1 月 1 日起施行。《国家税务总局关于小型微利企业所得税优惠政策征管问题的公告》（2022 年第 5 号）同时废止。"

2. 应纳税所得额

企业所得税的计税依据是应纳税所得额，即指企业每一纳税年度的收入总额，减除不征税收入、免税收入、各项扣除以及允许弥补的以前年度亏损后的余额。如果计算出的数额小于零，为亏损。

8.4.2 收入的确定

1. 销售货物收入

除法律法规另有规定外，企业销售收入的确认，必须遵循权责发生制和实质重于形式原则。销售货物收入确认的时间，见表 8-8。

表 8-8 销售货物收入时间的确认

销售方式	确认收入的时间
托收承付	办妥托收手续时确认收入
预收款	在发出商品时确认收入
销售商品需要安装和检验	在购买方接受商品及安装和检验完毕时确认收入。如果安装程序比较简单，可在发出商品时确认收入
以支付手续费方式委托代销	在收到代销清单时确认收入
售后回购	销售的商品按售价确认收入，回购的商品作为购进商品处理
以旧换新	销售商品应当按照销售商品收入确认条件确认收入，回收的商品作为购进商品处理
商业折扣	应当按照扣除商业折扣后的金额确定销售货物收入金额
销售折让	应当在发生时冲减当期销售货物收入
销售退回	应当在发生时冲减当期销售货物收入
有合同或协议价款的	购货方已收或应收的确定销售货物收入金额
现金折扣	应当按照扣除现金折扣前的金额确定销售货物收入金额。现金折扣在实际发生时计入当期损益

2. 提供劳务所得

提供劳务所得是指企业从事建筑安装、修理修配、交通运输、仓储租赁、金融保险、邮电通信、咨询经纪、文化体育、科学研究、技术服务、教育培训、餐饮住宿、中介代理、卫生保健、社区服务、旅游、娱乐、加工及其他劳务服务活动取得的所得。提供劳务收入确认的方法，见表 8-9。

表 8-9　劳务收入的确认

项　　　目	劳务收入的确认
安装费	应根据安装完工进度确认收入。安装工作是商品销售附带条件的，安装费在确认商品销售实现时确认收入
宣传媒介的收费	应在相关广告或商业行为出现于公众面前时确认收入。广告的制作费，应根据制作广告的完工进度确认收入
软件费	为特定客户开发软件的收费，应根据开发的完工进度确认收入
服务费	包含在商品售价内可区分的服务费，在提供服务的期间分期确认收入
艺术表演、招待宴会和其他特殊活动	在相关活动发生时确认收入，收费涉及几项活动的，预收的款项应合理分配给每项活动，分别确认收入
会员费	申请入会或加入会员，只允许取得会籍，所有其他服务或商品要另行收费的，在取得会员费时确认收入。申请入会或加入会员后，会员在会员期内不再付费就可得到各种服务或商品，或者以低于非会员的价格销售商品或提供服务的，该会员费应在整个受益期内分期确认收入
特许权费	属于提供设备和其他有形资产的特许权费，在交付资产或转移资产所有权时确认收入；属于提供初始及后续服务的特许权费，在提供服务时确认收入
劳务费	长期为客户提供重复的劳务收取的劳务费，在相关劳务活动发生时确认收入
转让财产收入	是指企业转让固定资产、投资性房地产、生物资产、无形资产、股权、债权等所取得的收入
股息、红利等权益性投资收益	指企业因权益性投资从被投资方取得的所得，除国务院财政、税务主管部门另有规定外，按照被投资方作出利润分配决定的日期确认收入的实现

项　　目	劳务收入的确认
利息收入	是指企业将资金提供他人使用但不构成权益性投资或因他人占用本企业资金所取得的利息收入，包括存款利息、贷款利息、债券利息、欠款利息等收入。 利息收入，按照合同约定的债务人应付利息的日期确认收入的实现
租金收入	是指企业提供固定资产、包装物或者其他资产的使用权取得的所得。 租金收入，按照合同约定的承租人应付租金的日期确认收入的实现
特许权使用费收入	是指企业提供专利权、非专利技术、商标权、著作权，以及其他特许权的使用权取得的所得。特许权使用费收入，按照合同约定的特许权使用人应付特许权使用费的日期确认收入的实现
接受捐赠收入	是指企业接受的来自其他企业、组织或者个人无偿给予的货币性资产、非货币性资产。 接受捐赠收入，按照实际收到捐赠资产的日期确认收入的实现
其他收入	包括企业资产溢余收入、逾期未退包装物没收的押金、确实无法偿付的应付款项、企业已作坏账损失处理后又收回的应收账款、债务重组收入、补贴收入、教育费附加返还款、违约金收入、汇兑收益等

3. 不征税收入

不征税收入，是指从性质和根源上不属于企业营利性活动带来的经济利益、不负有纳税义务并不作为应税所得额组成部分的收入，见表 8-10。

表 8-10　不征税收入

项　　目	释　　义
财政拨款	是指各级政府对纳入预算管理的事业单位、社会团体等组织拨付的财政资金，但国务院和国务院财政、税务主管部门另有规定的除外
行政事业性收费	依法收取并纳入财政管理的行政事业性收费和政府性基金
政府性基金	

8.4.3 准予扣除的项目

1. 一般扣除项目

企业实际发生的与取得收入有关的、合理的支出，包括成本、费用、税金、损失和其他支出，准予在计算应纳税所得额时扣除。

税前扣除的确认原则包括权责发生制原则、配比原则、相关性原则、确定性原则、合理性原则、资本性支出与收益性支出原则，见表 8-11。

表 8-11　准予扣除的项目

合理支出	内　　容
成本	是指电商企业在生产经营活动中发生的工程成本、业务支出，以及其他耗费
费用	是指企业在生产经营活动中发生的销售费用、管理费用和财务费用等，已经计入成本的有关费用除外
税金	是指企业发生的除企业所得税和允许抵扣的增值税以外的各项税金及其附加
损失	①企业发生的损失，减除责任人赔偿和保险赔款后的余额，依照国务院财政、税务主管部门的规定扣除。 ②企业已经作为损失处理的资产，在以后纳税年度又全部收回或者部分收回时，应当计入当期收入
捐赠	①只有公益性捐赠才能在企业所得税前扣除； ②非公益性捐赠不能在企业所得税前扣除。 企业当期实际发生的公益性捐赠支出在年度利润总额12%以内（含）的，准予扣除。超过年度利润总额12%的部分，可结转3年扣除
工资	①企业实际发生的合理的职工工资薪金，准予在税前扣除。包括基本工资、奖金、津贴、补贴、年终加薪、加班工资，以及与任职或者受雇有关的其他支出。 ②企业按照国务院有关主管部门或省级人民政府规定的范围和标准为职工缴纳的基本医疗保险费、基本养老保险费、失业保险费、工伤保险费、生育保险费等基本社会保险费和住房公积金，准予税前扣除。 ③企业提取的年金，在国务院财政、税务主管部门规定的标准范围内，准予扣除。 ④企业为其投资者或雇员个人向商业保险机构投保的人寿保险、财产保险等商业保险，不得扣除。 ⑤企业按国家规定为特殊工种职工支付的法定人身安全保险费，准予扣除

合理支出	内　容
职工福利费	企业发生的满足职工共同需要的集体生活、文化、体育等方面的职工福利费支出，不超过工资薪金总额14％的部分，准予扣除
工会经费	企业拨缴的工会经费，不超过工资薪金总额2％的部分，准予扣除
教育费附加	根据《关于企业职工教育经费税前扣除政策的通知》，企业发生的职工教育经费支出，不超过工资薪金总额8％的部分，准予在计算企业所得税应纳税所得额时扣除；超过部分，准予在以后纳税年度结转扣除
业务招待费	企业实际发生的与经营活动有关的业务招待费，按实际发生额的60％扣除，但最高不得超过当年销售（营业）收入额的0.5％
广告费和业务宣传费	企业每一纳税年度实际发生的符合条件的广告支出，不超过当年销售（营业）收入15％（含）的部分准予扣除，超过部分准予在以后年度结转扣除
利息支出	纳税人在生产经营期间，向金融机构借款的利息支出，按照实际发生数扣除；向非金融机构、本单位职工集资和其他个人的借款利息支出，为了便于计算，暂按下列办法执行： （1）凡不高于按照年利率12％计算的数额以内的部分，允许在税前扣除。 （2）高于年利率12％而不高于本企业当年度实际取得同类、同期金融机构贷款最高利率计算的数额以内部分，经主管税务机关审核后，允许税前扣除，超过部分不得税前扣除。 （3）高于年利率12％而本企业当年度没有取得同类、同期金融机构贷款或者实际取得的同类、同期金融机构贷款最高利率低于12％的，按上述第（1）款处理，超过部分不允许税前扣除
环保等专项基金及费用的扣除	①专项资金支出。 ②两类特别保险支出

《中华人民共和国企业所得税法》第十条，在计算应纳税所得额时，下列支出不得扣除：

"（一）向投资者支付的股息、红利等权益性投资收益款项；

（二）企业所得税税款；

（三）税收滞纳金；

（四）罚金、罚款和被没收财物的损失；

（五）本法第九条规定以外的捐赠支出；

（六）赞助支出；

（七）未经核定的准备金支出；

（八）与取得收入无关的其他支出。"

8.4.4 企业所得税的计算

计算企业所得税时，一般采用资产负债债务法。利润表中的所得税费用由两部分组成：当期所得税和递延所得税费用（或收益）。

1. 当期所得税

当期所得税应当以适用的税收法规为基础计算确定。

应交所得税＝应纳税所得额×所得税税率

应纳税所得额＝会计利润＋纳税调整增加额－纳税调整减少额＋境外应税所得弥补境内亏损－弥补以前年度亏损

当期所得税＝当期应交所得税＝应纳税所得额×适用税额－减免税额－抵免税额

2. 居民企业应纳税额的计算

（1）直接计算法

● 应纳税所得额＝收入总额－不征税收入－免税收入－各项扣除金额－弥补亏损

（2）间接计算法

● 应纳税所得额＝会计利润总额±纳税调整项目金额

8.5 个人所得税

电商企业个人所得税涉及员工的工资、薪金所得，个体工商户的生产、经营所得，对企业、事业单位的承包经营、承租经营所得，劳务报酬所得，稿酬所得，特许权使用费所得，利息、股息、红利所得，财产租赁所得，财产转让所得，偶然所得，国务院财政部门确定征税的其他所得等。

8.5.1 个人所得税征收范围

根据《中华人民共和国个人所得税法》第二条规定：

下列各项个人所得，应当缴纳个人所得税：

"（一）工资、薪金所得；

（二）劳务报酬所得；

（三）稿酬所得；

（四）特许权使用费所得；

（五）经营所得；

（六）利息、股息、红利所得；

（七）财产租赁所得；

（八）财产转让所得；

（九）偶然所得。"

8.5.2 税率

个人所得税的税率规定如下。

（1）综合所得，适用超额累进税率，见表8-12。

表 8-12 个人所得税税率表

（综合所得适用）

序　号	项　　　　目	税　　率	速算扣除数
1	不超过 3 000 元的部分	3%	0
2	超过 3 000 元至 12 000 元的部分	10%	210
3	超过 144 000 元至 300 000 元的部分	20%	1 410
4	超过 300 000 元至 420 000 元的部分	25%	2 660
5	超过 42 000 元至 66 000 元的部分	30%	4 410
6	超过 66 000 元至 96 000 元的部分	35%	7 160
7	超过 96 000 元的部分	45%	15 160

（注：综合所得＝工资、薪金＋劳务报酬＋稿酬＋特许权使用费）

（2）经营所得，适用超额累进税率，见表8-13。

表 8-13 个人所得税税率表二

（经营所得适用）

序　号	全年应纳税所得额	税　　率	速算扣除数
1	不超过 30 000 元的部分	5%	0
2	超过 30 000～90 000 元的部分	10%	1 500
3	超过 90 000～300 000 元的部分	20%	10 500
4	超过 300 000～500 000 元的部分	30%	40 500
5	超过 500 000 的部分	35%	65 500

8.5.3　应纳税所得额的计算

应纳税所得额计算原则如下。

（1）居民个人的综合所得，以每一纳税年度的收入额减除费用 60 000 元，以及专项扣除、专项附加扣除和依法确定的其他扣除后的余额，为应纳税所得额。

（2）非居民个人的工资、薪金所得，以每月收入额减除费用 5 000 元后的余额为应纳税所得额；劳务报酬所得、稿酬所得、特许权使用费所得，以每次收入额为应纳税所得额。

（3）经营所得，以每一纳税年度的收入总额减除成本、费用，以及损失后的余额，为应纳税所得额。

（4）财产租赁所得，每次收入不超过 4 000 元的，减除费用 800 元；4 000元以上的，减除 20% 的费用，其余额为应纳税所得额。

（5）财产转让所得，以转让财产的收入额减除财产原值和合理费用后的余额，为应纳税所得额。

（6）利息、股息、红利所得和偶然所得，以每次收入额为应纳税所得额。

（7）劳务报酬所得、稿酬所得、特许权使用费所得以收入减除 20% 的费用后的余额为收入额。稿酬所得的收入额减按 70% 计算。

8.5.4　相关税收优惠政策

相关税收优惠政策如下。

（1）全年一次性奖金。

【政策要点】

"对居民个人取得全年一次性奖金，不并入当年综合所得，以全年一次性奖金收入除以 12 个月得到的数额，按所附按月换算后的综合所得税率表，确定适用税率和速算扣除数，单独计算纳税。"

计算公式为：

应纳税额＝全年一次性奖金收入×适用税率－速算扣除数

【政策依据】

《财政部　税务总局关于个人所得税法修改后有关优惠政策衔接问题的通知》（财税〔2018〕164 号）；

《关于延续实施全年一次性奖金个人所得税政策公告》（财政部 税务总局公告 2023 年第 30 号）。

（2）免于办理个人所得税综合所得汇算清缴。

【政策要点】

"对居民个人取得的综合所得，年度综合所得收入不超过 12 万元且需要汇算清缴补税的，或者年度汇算清缴补税金额不超过 400 元的，居民个人可免于办理个人所得税综合所得汇算清缴。"

【政策依据】

《关于实施个人所得税综合所得汇算清缴有关政策的公告》（财政部 税务总局公告 2023 年第 32 号）；

《财政部 税务总局关于延续实施全年一次性奖金个人所得税政策的公告》（财政部 税务总局公告 2023 年第 30 号）。

（3）赡养老人、抚养婴幼儿的专项扣除标准提高的规定

【政策要点】赡养老人专项附加扣除标准，由每月 2 000 元提高到 3 000 元，其中，独生子女每月扣除 3 000 元；非独生子女与兄弟姐妹分摊每月 3 000 元的扣除额度，每人不超过 1 500 元。

需要分摊享受的，可以由赡养人均摊或者约定分摊，也可以由被赡养人指定分摊。约定或者指定分摊的须签订书面分摊协议，指定分摊优先于约定分摊。

3 岁以下婴幼儿照护、子女教育专项附加扣除标准，由每个婴幼儿（子女）每月 1 000 元提高到 2 000 元。

父母可以选择由其中一方按扣除标准的 100% 扣除，也可以选择由双方分别按 50% 扣除。

【政策依据】《国家税务总局关于贯彻执行提高个人所得税有关专项附加扣除标准政策的公告》（国家税务总局公告 2023 年第 14 号）。

第9章
电商企业财务报表编制与分析

资产负债表、利润表、现金流量表是众所周知的报表，也是财务人员每月必须向税务局提供的报表。其实除了这三张基本报表外，企业在生产经营中，需要随时掌握企业的收益、支出、利润等重要数据，所以财务人员还会向企业管理者提供日常报表，包括基本经营成果分析表、费用分析表、单店利润表、单品利润表、快速利润表、纳税表等，本章着重分析这些日常报表。

9.1 日常报表编制方法与分析

日常报表是指按日、周、旬编制的收入、费用、税费、成本等报表，适合企业负责人随时了解店面的经营状况，以便做出业务调整。

9.1.1 基本经营成果分析表

1. 基本经营成果分析表原理与公式

基本经营成果分析表是根据利润表的原理，对相关项目进行简化，通过收入、成本指标，匡算出毛利，迅速分析税后利润、利润率等指标。需要注意的是，收入为主营业务收入，不包括其他业务收入、营业外收入；成本为主营业务成本，不包括其他业务成本。

计算公式如下：

毛利＝收入－成本

毛利率＝毛利÷收入×100％

税后利润＝收入－成本－经营费用－其他损益－所得税

利润率＝利润÷成本×100％

成本费用率＝利润÷（营业成本＋经营费用）×100％

表9-1为大米网1至6月主要项目表，基本经营成本一目了然。财务人员可根据软件设置自定义报表，对关键项目进行筛，软件可自动生成。

从表9-1中，毛利率的指标最高31.10％，最低20.83％，相差10.27％，但利润率相差太多，1月利润率为20.95％，5月利润率为5.43％，相差15.52％。这与收入额减少、费用率升高有关，尤其是2023年5月费用率高达13.78％，导致利润率相比其他月份偏低。企业可以查找与费用有关的支出，对费用进行控制。同时，查找收入下降的原因，制定应对策略。

2. 期间费用分析表

费用主要包括管理费用、销售费用和财务费用，分部门核算，计算所占的比重。根据比重分析费用是否合理。期间费用分析表从账上取数，例如，飞鸟旗舰店2023年3月31日统计费用占比，见表9-2。

从表9-2展现了飞鸟旗舰店各项费用占总费用的比例，招待费占比最大，达到22.72％，企业应找到招待费费用高的原因，削减没必要的支出，费用占比较高会影响利润。

9.1.2 单店利润表

电商企业在各平台大多都有单店，编制单店利润表有两种：一是汇总表；二是单店经营明细表。根据计算公式：

毛利＝收入－成本

毛利率＝毛利÷收入×100％

费用率＝经营费用÷收入×100％

税后利润＝收入－成本－经营费用－其他损益－所得税

利润率＝税后利润÷成本×100％

单位：大米网

表 9-1　财务分析表（基本经营成本分析）

2023 年 6 月 30 日

金额单位：万元

期间	收入	成本	毛利	毛利率（%）	经营费用	费用率（%）	其他损益	利润总额	所得税	税后利润	利润率（%）
2023.01	897 000	618 000	279 000	31.10	83 400	9.30	23 000	172 600	43 150	129 450	20.95
2023.02	942 100	715 300	226 800	24.07	73 200	7.77	19 870	133 730	33 430	100 300	14.02
2023.03	937 640	742 310	195 330	20.83	90 234	9.62	22 340	82 756	21 000	61 756	8.31
2023.04	884 530	663 290	221 240	25.01	102 340	11.57	32 800	86 100	21 525	64 575	9.74
2023.05	724 530	553 280	171 250	23.64	99 870	13.78	31 290	40 090	10 022	30 068	5.43
2023.06	789 320	613 200	176 120	22.31	91 240	11.56	29 830	55 050	14 000	41 050	6.70
……	……	……	……	……	……	……	……	……	……	……	……
合计	5 175 120	3 905 380	1 269 740	24.49	540 284	10.60	159 130	570 326	143 127	427 199	10.86

表 9-2　期间费用占比

金额单位：万元

类型	费用项目	行政部	采购部	销售部	财务部	A店	B店	合计	比重
公共费用	招待费	6 200	2 340	8 890	1 450	5 300	4 200	28 380	22.72%
	通信费	3 780	2 580	4 860	2 280	3 900	4 160	21 560	17.26%
	水电费	2 650	3 240	3 280	1 210	3 460	2 980	16 820	13.47%
	房租	1 340	1 340	1 340	1 340	3 420	4 040	12 820	10.26%
	小计							79 580	63.71%
业务费用	技术年费	—	—	—	—	3 000	3 000	6 000	4.80%
	运杂费	800	3 200	3 680	520	3 450	3 860	15 510	12.42%
	天猫佣金	—	—	—	—	2 100	2 300	4 400	3.52%
	直通车	—	—	—	—	1 320	1 680	3 000	2.40%
	小计							28 910	23.14%
财务费用	手续费	—	—	—	1 390	2 340	2 160	5 890	4.72%
	利息费用	—	—	—	4 280	3 270	2 980	10 530	8.43%
	小计							16 420	13.15%
合计								124 910	

例如，雅宇电商企业在拼多多、天猫、苏宁、京东均有网上店铺，以下是各店铺 2023 年 6 月的经营成果数据，见表 9-3。

表 9-3　单店利润汇总表

2023 年 6 月　　　　　　　　　　　　　　　金额单位：万元

店别	主营业务收入	主营业务成本	毛利	毛利率	销售费用	收入费用率	成本费用率	税前利润	利润率
拼多多 A店	916 700	801 800	114 900	12.53%	23 490	2.56%	2.93%	91 410	11.40%
天猫 B店	893 400	728 900	164 500	18.41%	45 600	5.10%	6.26%	118 900	16.31%
苏宁 C店	689 400	534 900	154 500	22.41%	55 890	8.10%	10.44%	98 610	18.44%
京东 D店	557 800	478 900	78 900	14.14%	38 970	6.99%	8.14%	39 930	8.34%
合计	3 057 300	2 544 500	512 800	16.77%	163 950	5.36%	6.44%	348 850	13.71%

以下详细分解单店利润明细，见表9-4。

表9-4 单店利润明细

金额单位：万元

项　　目	拼多多A店	拼多多B店	天猫C店	京东D店	合计
一、销售收入	916 700	893 400	689 400	557 800	3 057 300
交易金额	923 400	926 780	691 900	587 900	3 129 980
退款金额	6 700	33 380	2 500	30 100	72 680
实际净销售额	916 700	893 400	689 400	557 800	3 057 300
二、销售成本	801 800	728 900	534 900	478 900	2 544 500
三、销售毛利	114 900	164 500	154 500	78 900	512 800
四、销售费用	23 490	45 600	55 890	38 970	163 950
天猫佣金	6 680	15 400	18 900	9 850	50 830
直通车	3 280	5 890	6 890	5 120	21 180
积分返点	1 890	3 120	4 290	3 450	12 750
平台扣点	2 180	5 250	6 680	4 150	18 260
聚划算费用	3 340	5 860	5 480	4 940	19 620
快递费	4 240	8 890	12 200	6 290	31 620
其他费用	1 880	1 190	1 450	5 170	9 690
……	……	……	……	……	……
税前利润	91 410	118 900	98 610	39 930	348 850

9.1.3　单品利润表

单品销售是电商企业非常重要的数据，根据单品利润，可调整进货量，以及争取议价权。企业需要知道单品的利润，单品利润表一般是周报，是依靠统计与分析编制的报表。

霞润福餐具有限公司单品销售利润见表9-5。

表 9-5 单品利润表

金额单位:万元

序号	品名	销售数量(个)	销售金额	销售成本	销售毛利	毛利率	天猫佣金	直通车	超级推荐	平台扣费	推广费	快递费用	销售费用	管理费用	税费	净利润	利润率
1	××	1 200	345 600	288 000	57 600	16.67%	1 880	340	420	750	950	2 890	3 650	5 000	6 850	34 870	12.11%
2	××	2 100	725 760	672 000	53 760	7.41%	2 390	480	420	1 640	950	3 260	3 000	6 000	8 560	27 060	4.03%
3	××	1 400	431 200	392 000	39 200	9.09%	2 980	480	420	750	950	3 090	3 140	5 800	5 480	16 110	4.11%
		…	…	…	…	…	…	…	…	…	…	…	…	…	…	…	…

9.1.4 快速利润表

快速利润表是一张财务统计报表，企业负责人不会等到月底才知晓本月的经营成果，他们会不定时要求财务人员出具财务统计报表。一般来说，快速利润表中的数据，来自企业的 ERP 软件、各大销售平台的数据等。快速利润表与利润表相比，主要项目不变，如销售收入、销售成本、费用等，只不过快速利润表更详细，内容更多，参考性更强。

2023 年 3 月 15 日，润发有限公司财务核算各大平台经营成果，见表 9-6。

表 9-6　快速利润表

金额单位：元

项　　　目	拼多多 A 店	京东 C 店	天猫 D 店	合　　计
一、销售收入				
订单量	21 000	32 000	37 000	90 000
交易金额	2 789 000	3 467 000	3 986 000	10 242 000
交易退款	845 00	112 900	109 800	307 200
实际收入	2 704 500	3 354 100	3 876 200	9 934 800
二、销售成本				
销售成本	1 396 000	1 889 000	1 926 000	5 211 000
退货成本	67 000	128 000	132 800	327 800
实际成本	1 329 000	1 761 000	1 793 200	4 883 200
三、销售毛利	1 375 500	1 593 100	2 083 000	5 051 600
毛利率	50.86％	47.50％	53.74％	50.85％
四、经营费用				
1. 推广费用	90 800	99 500	169 500	359 800
直超车	45 000	53 700	64 500	163 200
淘宝客	—	—	23 400	23 400
抖音、头条	45 800	45 800	45 800	137 400
其他推广	—	—	35 800	35 800
2. 平台扣费	133 600	195 000	213 000	541 600
佣金积分类	45 700	98 700	102 900	247 300

项　　目	拼多多 A店	京东 C店	天猫 D店	合　　计
四、经营费用				
花呗信用卡	—	—	—	—
保险费	12 300	14 500	17 800	44 600
销售活动费用	75 600	81 800	92 300	249 700
其他扣款	—	—	—	—
3. 工资薪酬	632 000	739 200	841 700	2 212 900
管理人员	376 000	450 000	543 000	1 369 000
销售人员	256 000	289 200	298 700	843 900
4. 营销工具	—	—	—	—
其中：生意参谋	—	—	—	—
5. 快递费	278 900	305 400	365 200	949 500
顺丰	157 800	194 800	216 700	569 300
中通	121 100	110 600	148 500	380 200
6. 网店贷款费用	—	—	—	—
利息手续费	—	—	—	—
极速回款收费	—	—	—	—
7. 售后费用	50 400	56 500	62 100	169 000
好评返现	21 700	23 700	30 900	76 300
红包	—	—	—	—
被退换货运费	28 700	32 800	31 200	92 700
补发成本	—	—	—	—
其他	—	—	—	—
8. 美工拍摄	—	—	—	—
其中：拍摄费	—	—	—	—
9. 直播费用	—	—	—	—
器材设备	—	—	—	—
其他费用	—	—	—	—
小计	1 185 700	1 395 600	1 651 500	4 232 800
五、单店税前利润	189 800	197 500	431 500	818 800
六、税前利润率（税前利润÷销售成本）	13.60%	10.46%	22.40%	15.71%

9.1.5　纳税明细表

亚伦公司为增值税一般纳税人，增值税率为 13％，城市维护建设税为 7％，教育费附加为 3％，地方教育费附加为 2％。当月相关数据见表 9-7。

表 9-7　纳税明细表（2023 年 1 至 6 月）　　　　金额单位：元

税同	时间						合计
	1 月	2 月	3 月	4 月	5 月	6 月	
增值税应纳税销售额	237 300	216 056	197 750	186 450	220 350	207 920	1 265 826
增值税	27 300	24 856	22 750	21 450	25 350	23 920	145 626
城建税	1 911	1 739.92	1 592.5	1 501.5	1 774.5	1 674.4	10 193.82
教育费附加	546	497.12	455	429	507	478.4	2 912.52
印花税	324	350	130	420	380	420	2 024
房产税（从租）	—	—	12 000	—	—	12 000	24 000
土地增值税	—	—	—	—	—	—	
所得税	6 895.78	5 987.45	5 494.34	5 109.67	6 132.83	5 732.89	3 5352.96
土地使用税	—	—	3 456.89	—	—	3 456.89	6 913.78
税费总计	36 976.78	33 430.49	45 878.73	28 910.17	34 144.33	47 682.58	227 023.08

9.2　月末、季末、年度提供的财务报表

电商企业月末、季末及年度提供的"四表一注"包括资产负债表、利润表、现金流量表、所有者权益变动表和附注。本节主要介绍前三种报表。

9.2.1　资产负债表编制原理

资产负债表是反映电商企业在某一特定时期的财务状况的报表，并满足

"资产＝负债＋所有者权益"平衡式。

通过资产负债表，可以反映企业在某一特定日期所拥有或控制的经济资源、所承担的现时义务和所有者对净资产的要求权，帮助财务报表使用者全面了解企业的财务状况、分析企业的偿债能力等情况，从而为其作出经济决策提供依据。

1. 资产负债表的编制方法

资产负债表的各项目均需填列"年初余额"和"期末余额"两栏。资产负债表"年初余额"栏内各项数字，应根据上年年末资产负债表的"期末余额"栏内所列数字填列。如果上年度资产负债表规定的各个项目的名称和内容与本年度不一致，应对上年年末资产负债表各项目的名称和数字按照本年度的规定进行调整，填入本表"年初余额"栏内。期末余额应填列比较复杂，因资产负债表中各项目可分为流动资产、非流动资产、流动负债、长期负债以及所有者权益五部分，以下详细介绍具体期末余额填列方法。

（1）流动资产。流动资产各项目的填列方法，见表 9-8。

表 9-8　流动资产各项目填列方法

项　　目	填列方法
货币资金	根据"库存现金""银行存款""其他货币资金"科目的期末余额合计数填列
交易性金融资产	根据"交易性金融资产"科目的相关明细科目的期末余额分析填列
应收票据	根据"应收票据"科目的期末余额，减去"坏账准备"科目中相关坏账准备期末余额后的金额分析填列
应收账款	根据"应收账款"科目的期末余额，减去"坏账准备"科目中相关坏账准备期末余额后的金额分析填列
应收款项融资	反映资产负债表日以公允价值计量且其变动计入其他综合收益的应收票据和应收账款等
其他应收款	根据"应收利息""应收股利"和"其他应收款"科目的期末余额合计数，减去"坏账准备"科目中相关坏账准备期末余额后的金额填列
存货	根据"材料采购""原材料""材料成本差异""生产成本""库存商品""周转材料""发出商品""委托加工物资""商品进销差价"以及不超过一年的"合同履约成本"等科目的期末余额合计数减去"存货跌价准备"科目期末余额后的金额填列

项　　目	填列方法
合同资产	根据相关明细科目期末余额分析填列，同一合同下的合同资产和合同负债应当以净额列示，其中净额为借方余额的，应当根据其流动性在"合同资产"或者"其他非流动资产"项目中填列，已计提减值准备的，还应减去"合同资产减值准备"科目中相关的期末余额后的金额填列
一年内到期的非流动资产	包括在一年内到期的债权投资、一年内到期的长期借款、长期应付款和应付债券等，根据上述账户分析计算填列
其他流动资产	指除货币资金、应收票据、应收账款、其他应收款、存货等流动资产以外的流动资产。一般企业"待处理流动资产净损益"科目未处理转账，报表时挂在"其他流动资产"项目中。另外，不超过一年的"合同取得成本、应收退货成本"科目，以及不超过一年的"合同履约成本"科目余额在"其他流动资产"中列示

　　（2）非流动资产。非流动资产各项目的具体内容和填列方法，见表9-9。

表9-9　非流动资产各项目填列方法

项　　目	填列方法
固定资产	根据"固定资产"科目的期末余额，减去"累计折旧"和"固定资产减值准备"科目的期末余额后的金额，以及"固定资产清理"科目的期末余额填列
在建工程	根据"在建工程"科目的期末余额，减去"在建工程减值准备"科目的期末余额后的金额，以及"工程物资"科目的期末余额，减去"工程物资减值准备"科目的期末余额后的金额填列
其他非流动资产	按照《企业会计准则第14号——收入》（财会〔2017〕22号）的相关规定，超过1年或一个正常营业周期的"合同资产""合同履约成本""应收退货成本"科目借方余额在"其他非流动资产"项目中填列

　　（3）流动负债。流动负债各项目的具体内容和填列方法，见表9-10。

表9-10　流动负债各项目填列方法

项　　目	填列方法
短期借款	根据"短期借款"科目的期末余额填列

项　目	填列方法
交易性金融负债	根据"交易性金融负债"科目的相关明细科目的期末余额填列
应付票据	根据"应付票据"科目的期末余额填列
应付账款	根据"应收账款"和"预收账款"科目所属的相关明细科目的期末贷方余额合计数填列
预收款项	根据"应收账款"和"预收账款"科目所属的相关明细科目的期末贷方余额合计数填列
应付职工薪酬	根据"应付职工薪酬"科目期末贷方余额填列

项目	填列方法	
应交税费	"应交增值税""未交增值税""待抵扣进项税额""待认证进项税额""增值税留抵税额""预交增值税"等明细科目期末借方余额	短于一年或一个营业周期在"其他流动资产"填报，超过一年或一个营业周期在"其他非流动资产"填报
	"未交增值税""简易计税""转让金融商品应交增值税""代扣代抵增值税"等科目贷方余额	根据"应交税费"科目的期末贷方余额填列

项目	填列方法
其他应付款	根据"应付利息""应付股利"和"其他应付款"科目的期末余额合计数填列。其中的"应付利息"仅反映相关金融工具已到期应支付但于资产负债表日尚未支付的利息。基于实际利率法计提的金融工具的利息应包含在相应金融工具的账面余额中
合同负债	根据"合同负债"科目的相关明细科目的期末余额分析填列，同一合同下的合同负债应当以净额列示，其中净额为贷方余额的，应当根据其流动性在"合同负债"或"其他非流动负债"项目中填列
预计负债	根据"预计负债"科目的期末余额填列，按照《企业会计准则第22号——金融工具确认和计量》（财会〔2017〕7号）的相关规定对贷款承诺、财务担保合同等项目计提的损失准备，应当在"预计负债"项目中填列
一年内到期的非流动负债	根据租赁负债科目的期末余额分析计算填列自资产负债表日起一年内到期应予以清偿的租赁负债的期末账面价值
其他流动负债	"预计负债"科目下的"应付退货款"明细科目是否在一年或一个正常营业周期内清偿，在"其他流动负债"或"预计负债"项目中填列
递延所得税负债	根据"递延所得税负债"科目期末余额分析填列

（4）长期负债。长期负债各项目的具体内容和填列方法，见表9-11。

表9-11　长期负债各项目填列方法

项　　目	填列方法
长期借款	根据"长期借款"科目的期末余额填列
应付债券	根据"应付债券"科目的期末余额填列
长期应付款	根据"长期应付款"科目的期末余额，减去"未确认融资费用"科目期末余额后的金额填列

（5）所有者权益。所有者权益各项目的具体内容和填列方法，见表9-12。

表9-12　所有者权益各项目填列方法

项　　目	填列方法
实收资本	根据"实收资本"（"股本"）科目的期末余额填列
资本公积	根据"资本公积"科目的期末余额填列
其他权益工具	对于资产负债表日企业发行的金融工具，分类为金融负债的，应在"应付债券"项目填列，对于优先股和永续债，还应在"应付债券"项目下的"优先股"项目和"永续债"项目分别填列；分类为权益工具的应在"其他权益工具"项目填列，对于优先股和永续债，还应在"其他权益工具"项目下的"优先股"项目和"永续债"项目分别填列
盈余公积	根据"盈余公积"科目的期末余额填列
其他综合收益	根据"其他综合收益"科目的期末余额填列
专项储备	根据"专项储备"科目的期末余额填列
未分配利润	根据"本年利润"科目和"利润分配"科目的余额计算填列

9.2.2　利润表编制原理

通过利润表，可以反映企业在一定会计期间收入、费用、利润（或亏损）、其他综合收益的数额、构成情况，帮助财务报表使用者全面了解企业的经营成果，分析企业的获利能力及盈利增长趋势，从而为其做出经济决策提供依据。

1. 利润表的结构

我国企业的利润表采用多步式格式，分以下三个步骤编制：

第一步，以营业收入为基础，减去营业成本、营业税金及附加、销售费用、管理费用、财务费用、资产减值损失，加上公允价值变动收益（减去公允价值变动损失）和投资收益（减去投资损失），计算出营业利润；

第二步，以营业利润为基础，加上营业外收入，减去营业外支出，计算出利润总额；

第三步，以利润总额为基础，减去所得税费用，计算出净利润（或净亏损）。

2. 利润表的编制

利润表各项目均需填列"本期金额"和"上期金额"两栏。利润表"本期金额""上期金额"栏内各项数字，应当按照相关科目的发生额分析填列。

利润表项目的填列说明，见表9-13。

表9-13 利润表项目填列说明

项　　目	原　　则
营业收入	本项目应根据"主营业务收入"和"其他业务收入"科目的发生额分析填列
营业成本	本项目应根据"主营业务成本"和"其他业务成本"科目的发生额分析填列
税金及附加	本项目应根据"税金及附加"科目的发生额分析填列
销售费用	本项目应根据"销售费用"科目的发生额分析填列
管理费用	本项目应根据"管理费用"科目的发生额分析填列
财务费用	本项目应根据"财务费用"科目的发生额分析填列
资产减值损失	本项目应根据"资产减值损失"科目发生额分析填列
公允价值变动收益	本项目应根据"公允价值变动损益"科目的发生额分析填列，如为净损失，本项目以"－"号填列
投资收益	本项目应根据"投资收益"科目的发生额分析填列。如为投资损失，本项目用"－"号填列
营业利润	反映企业实现的营业利润。如为亏损，本项目以"－"号填列
营业外收入	本项目应根据"营业外收入"科目的发生额分析填列
营业外支出	本项目应根据"营业外支出"科目的发生额分析填列
利润总额	反映企业实现的利润。如为亏损，本项目以"－"号填列
所得税费用	本项目应根据"所得税费用"科目的发生额分析填列
净利润	反映企业实现的净利润。如为亏损，本项目以"－"号填列

项　目	原　　则
每股收益	包括基本每股收益和稀释每股收益两项指标，反映普通股或潜在普通股已公开交易的企业，以及正在公开发行普通股或潜在普通股过程中的企业的每股收益信息
其他综合收益	反映企业根据企业会计准则规定未在损益中确认的各项利得和损失扣除所得税影响后的净额
综合收益总额	反映企业净利润与其他综合收益的合计金额

9.2.3　现金流量表编制原理

现金流量表是反映企业在一定会计期间现金和现金等价物流入和流出的报表。

现金流量是一定会计期间内企业现金和现金等价物的流入和流出。企业从银行提取现金、用现金购买短期到期的国库券等现金和现金等价物之间的转换不属于现金流量。

现金是企业库存现金以及可以随时用于支付的存款，包括库存现金、银行存款和其他货币资金（如外埠存款、银行汇票存款、银行本票存款）等。不能随时用于支付的存款不属于现金。

现金等价物是企业持有的期限短、流动性强、易于转换为已知金额现金、价值变动风险很小的投资。期限短，一般是指从购买日起三个月内到期。现金等价物通常包括三个月内到期的债券投资等。权益性投资变现的金额通常不确定，因而不属于现金等价物。企业应当根据具体情况，确定现金等价物的范围，一经确定不得随意变更。

1. 现金流量的分类

企业产生的现金流量分为三类，主要内容见表 9-14。

表 9-14　企业产生的三类现金流量

项　目	释　　义
经营活动产生的现金流量	经营活动是企业投资活动和筹资活动以外的所有交易和事项。经营活动主要包括销售商品或提供劳务、购买商品、接受劳务、支付工资和交纳税款等流入和流出现金及现金等价物的活动或事项

项　目	释　义
投资活动产生的现金流量	投资活动是企业长期资产的购建和不包括在现金等价物范围内的投资及其处置活动。投资活动主要包括购建固定资产、处置子公司及其他营业单位等流入和流出现金及现金等价物的活动或事项
筹资活动产生的现金流量	筹资活动是导致企业资本及债务规模和构成发生变化的活动。筹资活动主要包括吸收投资、发行股票、分配利润、发行债券、偿还债务等流入和流出现金及现金等价物的活动或事项。偿付应付账款、应付票据等商业应付款等属于经营活动，不属于筹资活动

2. 现金流量各项目计算方法

（1）经营活动产生的现金流量净额计算。经营活动产生的现金流量净额的各个子项目计算方法，具体见表 9-15。

表 9-15　经营活动产生的现金流量净额计算

项　目	计算公式
销售商品、提供劳务收到的现金	利润表中主营业务收入×（1＋适用税率）＋利润表中其他业务收入＋（应收票据期初余额－应收票据期末余额）＋（应收账款期初余额－应收账款期末余额）＋（预收账款期末余额－预收账款期初余额）－计提的应收账款坏账准备期末余额
收到的税费返还	（应收补贴款期初余额－应收补贴款期末余额）＋补贴收入＋所得税本期贷方发生额累计数
收到的其他与经营活动有关的现金	营业外收入相关明细本期贷方发生额＋其他业务收入相关明细本期贷方发生额＋其他应收账款相关明细本期贷方发生额＋其他应付账款相关明细本期贷方发生额＋银行存款利息收入
购买商品、接受劳务支付的现金	［利润表中主营业务成本＋（存货期末余额－存货期初余额）］×（1＋适用税率）＋其他业务支出（剔除税金）＋（应付票据期初余额－应付票据期末余额）＋（应付账款期初余额－应付账款期末余额）＋（预付账款期末余额－预付账款期初余额）
支付给职工以及为职工支付的现金	"应付职工薪酬"科目本期借方发生额累计数＋"应付福利费"科目本期借方发生额累计数＋管理费用中"养老保险金"、"待业保险金"、"住房公积金"、"医疗保险金"＋成本及制造费用明细表中的"劳动保护费"

项　　目	计算公式
支付的各项税费	"应交税费"各明细账户本期借方发生额累计数＋"税金及附加"本期借方发生额累计数
支付的其他与经营活动有关的现金	营业外支出（剔除固定资产处置损失）＋管理费用（剔除工资、福利费、劳动保险金、待业保险金、住房公积金、养老保险、医疗保险、折旧、坏账准备或坏账损失、列入的各项税金等）＋销售费用、成本及制造费用（剔除工资、福利费、劳动保险金、待业保险金、住房公积金、养老保险、医疗保险等）＋其他应收款本期借方发生额＋其他应付款本期借方发生额＋银行手续费

（2）投资活动产生的现金流量净额计算。投资活动产生的现金流量净额各个子项目计算方法，具体见表 9-16。

表 9-16　投资活动产生的现金流量净额计算

项目	计算公式
收回投资所收到的现金	（短期投资期初数－短期投资期末数）＋（长期股权投资期初数－长期股权投资期末数）＋（长期债权投资期初数－长期债权投资期末数）
取得投资收益所收到的现金	利润表投资收益－（应收利息期末数－应收利息期初数）－（应收股利期末数－应收股利期初数）
处置固定资产、无形资产和其他长期资产所收回的现金净额	"固定资产清理"的贷方发生额＋（无形资产期末数－无形资产期初数）＋（其他长期资产期末数－其他长期资产期初数）
收到的其他与投资活动有关的现金	如收回融资租赁设备本金等
购建固定资产、无形资产和其他长期资产所支付的现金	（在建工程期末数－在建工程期初数）（剔除利息）＋（固定资产期末数－固定资产期初数）＋（无形资产期末数－无形资产期初数）＋（其他长期资产期末数－其他长期资产期初数）
投资所支付的现金	（短期投资期末数－短期投资期初数）＋（长期股权投资期末数－长期股权投资期初数）（剔除投资收益或损失）＋（长期债权投资期末数－长期债权投资期初数）（剔除投资收益或损失）
支付的其他与投资活动有关的现金	如投资未按期到位罚款

（3）融资活动产生的现金流量净额计算。融资活动产生的现金流量净额各个子项目计算方法，具体见表9-17。

表9-17　融资活动产生的现金流量净额计算

项　　目	计算公式
吸收投资所收到的现金	（实收资本或股本期末数－实收资本或股本期初数）＋（应付债券期末数－应付债券期初数）
借款收到的现金	（短期借款期末数－短期借款期初数）＋（长期借款期末数－长期借款期初数）
收到的其他与融资活动有关的现金	如投资人未按期缴纳股权的罚款现金收入等
偿还债务所支付的现金	（短期借款期初数－短期借款期末数）＋（长期借款期初数－长期借款期末数）（剔除利息）＋（应付债券期初数－应付债券期末数）（剔除利息）
分配股利、利润或偿付利息所支付的现金	应付股利借方发生额＋利息支出＋长期借款利息＋在建工程利息＋应付债券利息－预提费用中"计提利息"贷方余额－票据贴现利息支出
支付的其他与融资活动有关的现金	如发生融资费用所支付的现金、融资租赁所支付的现金、减少注册资本所支付的现金（收购本公司股票、退还联营单位的联营投资等）、企业以分期付款方式购建固定资产，除首期付款支付的现金以外的其他各期所支付的现金等

9.3　财务报表分析

通过财务报表可以分析企业的经营状况与赢利能力，本章从资产负债表、利润表、现金流量表了解企业的整体情况。

9.3.1　资产负债表主要项目分析

通常对资产负债表一般通过总资产规模、偿债能力、成长能力等几个指标了解企业的实力。

（1）总资产规模。

企业总资产的规模代表公司掌控的资源规模，在一定程度上反映企业的实力和行业地位。

一般情况下总资产排名第一的公司，就是此行业的龙头公司。如果这家公司资产同比负增长，那么这家公司很可能处于收缩或衰退中。

A 电商公司 2022 年 12 月 31 日资产总额为 552.19 亿元，2021 年 12 月 31 日资产总额为 496.58 亿元，增长率为 11.19％，说明这家企业处于扩张中。B 电商公司 2022 年 12 月 31 日资产总额为 53.09 亿元，2021 年 12 月 31 日资产总额为 53.09 亿元，增长率为 0，说明这家企业停步不前。A 电商公司总资产规模是 B 电商公司的 10.4 倍，说明两家公司实力相差较远。当然总资产规模最大，同比增长也比较快，也并一定代表公司实力最强，因为资产总额中很可能相当多的部分是负债。

总资产同比增长较快也可能来自债务扩张而不是公司净利润增长，公司可能处于债务危机当中。

当然，企业的资产规模也不是越大越好。资产规模过大，将形成资产的大量闲置，造成资金周转缓慢；但是，资产规模过小，也将因为难以满足企业生产经营需要而使企业的生产经营活动难以正常进行。

（2）负债和股东权益。

$$资产负债率＝总负债÷总资产×100％$$

资产负债率有两个指标：一是绝对值；二是同比增长情况。

一般情况下，可以把资产负债率警戒线设在 70％，如果一家公司资产负债率大于 70％，这家企业发生债务危机的可能性非常高。2020 年中华人民共和国住房和城乡建设部、中国人民银行明确了重点房地产企业资金监测和融资管理规则，其中有一条为：房企剔除预收款后的资产负债率不得大于 70％。

资产负债率不是越低越好，应付账款、应付票据的数额较大，说明企业竞争力很强。

2022 年 12 月 31 日 A 电商公司资产负债率＝168.75÷552.19×100％＝30.56％

2021 年 12 月 31 日 A 电商公司资产负债率＝115.58÷496.58×100％＝23.28％

2022 年 12 月 31 日 B 电商公司资产负债率＝18.80÷53.09×100％＝35.41％

2021 年 12 月 31 日 B 电商公司资产负债率＝18.80÷53.09×100％＝35.41％

一般来说，资产负债率同比大幅增加的企业，遇到的问题也比较棘手。通过资产负债率可以判断企业未来发生债务危机的可能性。

（3）有息负债与货币资金的比率。

为了进一步判断企业的偿债能力，要看有息负债与货币资金的比率。有息负债就是需要还本付息的债务，它是因为公司融资行为产生的。"短期借款""长期借款""应付债券""一年内到期的非流动性负债""一年内到期的融资租赁负债""长期融资租赁负债"都是有息负债。此外，应付票据、应付账款、其他应付款，都可能是有息的。有息负债总额计算公式如下。

有息负债总额＝短期借款＋一年内到期的非流动性负债＋长期借款＋应付债券＋长期应付款＋应付利息

有息负债和货币资金主要看两点：一是两者大小；二是有无异常。

要确保企业不发生偿债危机，货币资金就要大于有息负债总额。一个企业有大量的现金，还要借入资金，而且是有利息的，这很可能意味着企业在账面上有大量现金，而实际上没有，这就是风险。

我们来看看 A 电商公司年度报告中有息负债项目，见表 9-18。

表 9-18　A 电商有息负债数据

金额单位：元

项　　目		2022	2021
有息负债	短期借款	1 965 443 134.17	—
	应付利息	439 125.00	312 000.00
	一年内到期的非流动负债	917 928 974.00	—
	长期借款	36 600 000.00	3 600 000.00
	应付债券	912 928 974.00	—
	长期应付款	656 157 151.25	661 012 380.98
合计		4 489 497 358.42	664 924 380.98
货币资金		15 279 726 658.64	12 994 207 213.17

2022 年 12 月 31 日，A 电商公司有息负债总额为 4 489 497 358.42 元，远远小于货币资金总额，但 2021 年有息负债只有 664 924 380.98 元，2022 年比 2021 年增长 5.75 倍，与企业借款、发行债券有关。企业扩张的打算很明显。

（4）应收应付与预收预付款项对比。

应收是指"应收票据""应收账款"；应付是指"应付票据""应付账款"；预收预付是指"预收账款""预付账款"。一般来说，"应收票据＋应收账款＋预付账款"合计金额越小，说明企业竞争力强，行业地位高；"应付票据＋应付账款＋预收账款"合计金额越大，竞争力强，行业地位高。

应收应付与预收预付有两个指标："应付票据＋应付账款＋合同负债＋预收账款"与"应收票据＋应收账款＋预付账款＋合同资产"数值的大小；"（应付票据＋应付账款＋预收账款）－（应收票据＋应收账款＋预付账款）"，若是大于零，说明公司很强势；若是小于零，说明公司竞争力弱，在经营过程中企业的自有资金被其他企业占用。

A电商公司应收预付项目金额见表9-19。

表9-19　应收预付项目数据

金额单位：元

项　　目	2022 年	2021 年
应收票据	302 743.29	180 793.45
应收账款	355 416.14	203 797.07
预付款项	46 529.71	57 752.12
合同资产	——	——
合计	704 689.14	442 342.64

应付预收项目金额见表9-20。

表9-20　应付预收项目数据

金额单位：元

项　　目	2022 年	2021 年
应付票据	167 868.75	165 340.59
应付账款	463 689.10	459 052.74
预收款项	188.35	116 633.67
合同负债	207 607.93	——
合计	839 354.13	741 027

2022 年，A电商公司"应收预收"款项（704 689.14）－应付预收款项

（839 354.13）＝－134 664.99（元）

134 664.99万元相当于无息贷款，保持企业充裕的现金流。从侧面说明该公司的行业地位比较高。

2021年，云南白药集团股份有限公司"应收预收"款项（442 342.64）－应付预收款项（741 027）＝－298 684.36（元）

2021年，企业的强势地位更明显，2022年下降说明外部经营状态发生变化，需要与业务部门配合，查找具体原因。

（5）应收账款与总资产的比率。

应收账款÷总资产＞20％，说明企业经营风险大。

根据表9-21，分析相关数据。

表9-21　2022年、2021年应收账款与总资产数据

金额单位：元

项　　目	2022年	2021年
应收账款	355 416.14	203 797.07
总资产	5 521 944.82	4 965 804.91

2022年，"应收账款÷总资产×100％"＝355 416.14÷5 521 944.82×100％＝6.44％

2021年，"应收账款÷总资产×100％"＝203 797.07÷4 965 804.91×100％＝4.10％

A电商公司"应收账款÷总资产"比率远远小于20％，说明这是一家运营健康的企业。

我们还可以采用这种方法同时对比几家公司的财务数据，以及这些公司最近5年的数据进行分析，更能具体地得出结果，在此就不多介绍。

（6）看固定资产，了解企业维持竞争力的成本。

公司为了保持竞争力，需要不断地在固定资产上加大投入。一方面，企业获得更好的产品，增强在市场上的竞争力；另一方面投资固定资产会影响企业利润与现金流，进而影响股东分红。因此，固定资产的比重也成为判断一家公司的重要指标。

一般来说，固定资产、在建工程（包括工程物资，2018年财务报表将工程物资并入在建工程）与总资产的比率不超过40％。如果一家企业固定资产

占总资产超过 40%，可认定为重资产企业，重资产型企业维持竞争力的成本比较高，风险较大，但不一定企业赢利能力就差。

还是以 A 电商有限公司为例，见表 9-22。

表 9-22　固定资产与总资产

金额单位：元

项　　目	2022 年	2021 年
固定资产	309 679.17	200 866.99
在建工程	38 712.23	97 029.03
合　计	348 391.40	297 896.02
总资产	5 521 944.82	4 965 804.91

2022 年"固定资产＋在建工程"÷总资产×100%

　＝348 391.4÷5 521 944.82×100%＝6.31%

2021 年"固定资产＋在建工程"÷总资产×100%

　＝297 896.02÷4 965 804.91×100%＝6.0%

通过上述计算结果，表明 A 电商公司是一家轻资产型公司。那么固定资产超过 40% 的公司就没有竞争力了吗，我们看看电商公司财报，见表 9-23。

表 9-23　固定资产与总资产

金额单位：元

项　　目	2022 年	2021 年
固定资产	1 084 089.30	1 061 804.40
在建工程	374 344.60	110 477.70
合　计	1 458 433.90	1 172 282.10
总资产	12 625 454.80	9 924 153.60

2022 年"固定资产＋在建工程"÷总资产×100%

　＝1 458 433.90÷12 625 454.80×100%＝11.55%

2021 年"固定资产＋在建工程"÷总资产×100%

　＝1 172 282.10÷9 924 153.60×100%＝11.81%

（7）看投资类资产，了解企业主业专注度。

投资类资产包括两种，一是与主业无关的投资类资产，二是与主业有关的投资类资产。

与主业无关的投资类资产包括：交易性金融资产、债权投资、其他债权投资、其他权益工具投资、投资性房地产、与主业无关的长期股权投资。与主业有关的投资类资产包括与主业有关的长期股权投资。

投资类资产关注一个指标——与公司主业无关的投资类资产占总资产的比率。优秀的公司一定是专注主业的公司，这个比率最好为0。但一般的企业达不到这个指标，那最多也不要超过10%。

A电商公司投资类资产见表9-24。

表9-24　投资类资产项目数据

金额单位：元

项　　目	2022 年	2021 年
债权投资	0	0
其他债权投资	0	0
长期股权投资	32 894.92	31 745.98
其他权益工具投资	0	0
合计	32 894.92	31 745.98

A电商公司是一家非常专注主业的企业，长期股权投资的情况，见表9-25。

表9-25　长期股权投资的情况

金额单位：元

被投资单位	期初余额（账面价值）	追加投资	本期增减变动情况		期末余额（账面价值）
			权益法下确认的投资损益	其他综合收益调整	
甲电商	316 637 148.82	—	6 327 153.77	3 231 037.79	326 195 340.38
乙电商	—	2 000 000.00	−20 657.18	1 979 342.82	3 958 685.64
丙电商	822 734.64	—	1 625.64	−49 830.01	774 530.27
丁电商	—				
小计	317 459 883.46	2 000 000.00	6 308 122.23	5 160 550.60	330 928 556.30
合计	317 459 883.46	2 000 000.00	6 308 122.23	5 160 550.60	330 928 556.30

从上表可以看出，A电商公司长期股权投资基本属于主业投资，这样有利于长期保持行业领先地位。

9.3.2　利润表主要项目分析

利润表中的主要指标包括营业收入、毛利率。

（1）看营业收入的数据，洞察企业的行业地位及成长性。

通过营业收入增长率可以洞察企业的成长能力。营业收入金额较大且"销售商品、提供劳务收到的现金"与"营业收入"的比率大于110%的公司行业地位高，产品竞争力强。"营业收入"增长率大于10%的公司，成长性较好。

A电商公司营业收入，见表9-26。

表9-26　营业收入相关数据

金额单位：元

项　　目	2022年	2021年
营业总收入（万元）	3 274 276.68	2 966 467.39
营业收入增长率	10.38%	—
销售商品、提供劳务收到的现金（万元）	382 890.66	210 474.48
销售商品、提供劳务收到的现金与营业收入的比率	11.69%	—

2022年营业收入增值率＝（3 274 276.68－2 966 467.39）÷2 966 467.39×100%＝10.38%

2022年销售商品、提供劳务收到的现金与营业收入的比率
＝382 890.66÷3 274 276.68×100%＝11.69%

2022年，A电商公司营业收入增长率10.38%，从数据上看是有增长的，但是，"销售商品、提供劳务收到的现金"与"营业收入"的比率只有11.69%，说明大部分的应收账款没有收回，库存积压比较严重。

一般来说，"销售商品、提供劳务收到的现金"与"营业收入"的比率小于100%的公司、营业收入增长率小于10%的企业需要警惕风险。

（2）计算毛利率，了解公司的产品竞争力及风险。

毛利率是毛利与营业收入的百分比，其中毛利是营业收入减去营业成本的差额。毛利率反映的是商品增值部分。一般来说，毛利率大于40%的公司

都有某种核心竞争力。优秀公司的毛利率不但高还比较稳定，波动幅度比较小。毛利率低于 40％的企业，面临的竞争压力较大，风险也高。以 A 电商公司为例，以三年的数据分析该公司产品竞争力及风险，见表 9-27。

表 9-27　相关数据

金额单位：元

项　　　目	2022 年	2021 年	2020 年
营业收入	3 274 276.68	2 966 467.39	2 701 691.45
营业成本	2 365 587.81	2 119 136.44	1 857 453.25
毛利	908 688.87	847 330.95	844 238.20
毛利率	27.75％	28.56％	31.25％

A 电商公司的毛利率都在 30％以下，总体呈小幅下降趋势。

（3）通过期间费用率了解公司的成本管控能力。

期间费用是指企业在某一会计期间所发生，不能直接或间接归入营业成本，也不形成企业的资产为目的的经济业务。通常情况下，它包括了企业的销售费用、管理费用、研发费用及财务费用，采掘企业发生的勘探费用，等等；期间费用与营业收入的比，被称为期间费用率，表示企业 1 元营业收入中有多少是企业的期间费用。

期间费用的组成如下：

期间费用＝销售费用＋管理费用＋研发费用＋财务费用＋勘探费用

期间费用的分析，通常是采用纵向与历史对比的方式，尤其是同比的增减变化，分析企业期间费用的变动情况。

期间费用率，则是指期间费用占营业收入的比率，这是一个分析企业管理能力的重要的管控指标之一。其计算公式为：

期间费用率＝期间费用÷营业收入×100％

期间费用率主要看数值。期间费用率越低，公司的成本管控能力就越强。毛利率高，期间费用率低，净利润率才可能高。优秀公司的期间费用率与毛利率的比率一般小于 40％。

A 电商公司期间费用与期间费用率以及期间费用率与毛利率的比率，见表 9-28。

表 9-28　相关数据

金额单位：元

项　　目	2022 年	2021 年	2020 年
营业收入	3 274 276.68	2 966 467.39	2 701 691.45
销售费用	379 503.40	415 630.29	397 289.96
管理费用	86 044.79	95 745.86	42 890.84
研发费用	18 108.24	17 388.79	11 188.44
财务费用	−23 194.58	−6 280.36	3 813.15
四费合计	460 461.85	522 484.58	455 182.39
期间费用率（％）	14.06％	17.61％	16.85％
毛利率（％）	33.29％	36.74％	35.09％
期间费用率÷毛利率（％）	42.23％	47.93％	48.02％

A 电商公司期间费用率比较高，2022 年、2021 年、2020 年的期间费用率分别为 14.06％、17.61％和 16.85％，期间费用率与毛利率的比率分别为 42.23％、47.93％和 48.02％，全部大于 40％，说明该公司成本管控能力比较差，需要加强内部管理，否则长期下去很可能面临亏损。

（4）通过销售费用率了解公司产品的销售难易度。

销售费用率是指公司的销售费用与营业收入的比率，它体现企业为取得 1 元收入中销售费用占比是多少。销售费用率主要看两点，数值和变动趋势。一般来说，销售费用率小于 15％的公司，其产品比较容易销售，销售风险相对较小。销售费用率大于 30％的公司，其产品销售难度大，销售风险也大。在投资实践中，一般把销售费用率大于 30％的公司淘汰掉。

依然采用 A 电商公司的资料分析，见表 9-29。

表 9-29　相关数据

金额单位：元

项　　目	2022 年	2021 年	2020 年
销售费用	379 503.40	415 630.29	397 289.96
营业收入	3 274 276.68	2 966 467.39	2 701 691.45
销售费用率（％）	11.59％	14.01％	14.70％

A电商公司在过去三年中，销售费用率小于15%，产品销售比较容易，毕竟品牌效应比较明显，但应控制销售利润率的比率，在2022年销售利润率为11.59%，比2021、2020年降低3%多，说明公司也在削减销售费用。

（5）通过主营利润看公司主业的盈利能力及利润质量。

主营利润，又称基本业务利润，是营业收入减去营业成本和税金及附加费用得到的利润，计算公式如下：

主营利润计算公式如下。

$$主营利润＝营业收入－营业成本－税金及附加－期间费用$$

$$主营利润率＝主营利润÷营业收入$$

主营利润主要看两点：主营利润率和主营利润与营业利润的比率。主营利润率指标反映公司的主营业务获利水平，没有足够大的主营业务利润率就无法形成企业的最终利润，为此，结合企业的主营业务收入和主营业务成本分析，能够充分反映出企业成本控制、费用管理、产品营销、经营策略等方面的不足与成绩。只有当公司主营业务突出，即主营业务利润率较高的情况下，才能在竞争中占据优势地位。

A电商公司的主营利润率及主营利润与营业利润的比率，见表9-30。

表 9-30   相关数据

金额单位：元

项　　目	2022 年	2021 年	2020 年
营业收入	3 274 276.68	2 966 467.39	2 701 691.45
营业成本	2 365 587.81	2 119 136.44	1 857 453.25
税金及附加	16 462.82	14 364.62	18 134.48
销售费用	379 503.40	415 630.29	397 289.96
管理费用	86 044.79	95 745.86	42 890.84
研发费用	18 108.24	17 388.79	11 188.44
财务费用	−23 194.58	−6 280.36	3 813.15
四费合计	460 461.85	522 484.58	455 182.39
主营利润	431 764.20	310 481.75	370 921.33
主营利润率	13.19%	10.47%	13.73%

虽然A电商公司主营利润率大于10%，但小于15%，指标不太景气。管

理层应尽快找到原因，采取措施，以免这个指标进一步下滑。

（6）通过净利润了解公司的经营成果及含金量。

净利润是指企业当期利润总额减去所得税后的金额，即企业的税后利润。计算公式如下：

净利润＝利润总额×（1—所得税税率）

净利润＝利润总额—企业所得税

净利率现金比率＝经营活动产生的现金流量净额÷净利润×100%

通过净利润了解 A 电商公司，相关资料见表 9-31。

表 9-31　相关数据

金额单位：元

项　　目	2022 年	2021 年	2020 年
经营活动产生的现金流量净额	382 890.66	210 474.48	154 903.44
净利润	551 103.62	417 305.20	348 041.23
净利率现金比率	69.48%	50.44%	44.51%

A 电商公司 2022 年、2021 年、2020 年净利润现金比率分别为 69.48%、50.44% 和 44.51%，净利润含金量呈现逐年上升的趋势。这个比率越大越好，很多优秀公司的这个比率常常达到 100%。

9.3.3　现金流量表主要项目分析

以收付实现制编制的现金流量表，更能反映企业现金流的真实情况。

（1）通过经营活动产生的现金流量净额判断企业的造血功能。

经营活动产生的现金流量净额是指现金及现金等价物的净增加额减去筹资活动产生的现金流量净额再减去投资活动产生的现金流量净额。

A 电商公司的经营活动产生的现金流量净额，见表 9-32。

表 9-32　相关数据

金额单位：元

项　　目	2022 年	2021 年	2020 年
经营活动产生的现金流量净额	382 890.66	210 474.48	154 903.44
经营活动产生的现金流量增长率（%）	81.92%	35.87%	34.04%

A 电商公司经营活动产生的现金流量净额近三年整体都趋于稳定增长的趋势，2022 年受大环境影响出现 81.92% 的增长率，说明公司持续发展的内部动力强劲。

（2）通过"购买固定资产、无形资产和其他长期资产支付的现金"判断企业未来的成长能力。

"购买固定资产、无形资产和其他长期资产支付的现金"金额越大，表明企业未来成长能力越强。"购买固定资产、无形资产和其他长期资产支付的现金"与"经营活动现金流量净额"比率一般在 10%～60% 之间。

A 电商公司购买固定资产、无形资产和其他长期资产支付的现金，见表 9-33。

表 9-33　相关数据

金额单位：元

项　　　目	2022 年	2021 年	2020 年
经营活动产生的现金流量净额	382 890.66	210 474.48	154 903.44
购建固定资产、无形资产和其他长期资产所支付的现金	48 642.06	78 328.37	55 626.10
购建固定资产、无形资产和其他长期资产所支付的现金与经营活动产生的现金流量净额的比率	12.70%	37.22%	35.91%

2021 年、2020 年的"购建固定资产、无形资产和其他长期资产支付的现金"金额较大，表明公司正在扩张中，未来公司的营业收入和净利润有可能出现提升。通过 2022 年的数据，可以看出营业收入与净利润与前两年相比都有明显的增长。

（3）通过三大活动现金流量净额的组合类型判断企业是否优秀。

优秀的企业一般是"正负负"和"正正负"类型。通过 A 电商公司合并现金流量表三大活动现金流量净额的组合类型，见表 9-34。

表 9-34　相关数据

金额单位：元

项　　　目	2022 年	2021 年	2020 年
经营活动产生的现金流量净额	382 890.66	210 474.48	2 989 017.89

项　　目	2022 年	2021 年	2020 年
投资活动产生的现金流量净额	108 649.37	1 396 626.16	−85 880.64
筹资活动产生的现金流量净额	−297 844.34	−934 067.60	−161 982.28
公司类型	正正负	正正负	正负负

A 电商公司连续三年保持"正负负"和"正正负"类型，属于优秀公司的类型。公司经营活动产生的现金流量净额为正，说明公司主业经营赚钱；投资活动产生的现金流量净额为负，说明公司在继续投资，公司处于扩张之中。筹资活动现金流量净额为负，说明公司在还钱或者分红。公司靠着主营业务赚的钱支持扩张同时还债或进行分红。说明经营会有很良好的持续。

我们再看看 B 电商公司 2022 年至 2020 年合并现金流量表三大活动现金流量净额的情况，见表 9-35。

表 9-35　2022 年至 2020 年三大活动现金流量净额的情况

金额单位：元

项　　目	2022 年	2021 年	2020 年
经营活动产生的现金流量净额	116 986.70	98 132.77	86 620.73
投资活动产生的现金流量净额	−20 384.62	−31 368.70	−28 714.99
筹资活动产生的现金流量净额	−78 359.91	−42 781.60	−25 161.18
公司类型	正负负	正负负	正负负

B 电商公司连续三年保持"正负负"类型，属于优秀公司的类型。公司经营活动产生的现金流量净额为正，说明公司主业经营赚钱；投资活动产生的现金流量净额为负，说明公司在继续投资，公司处于扩张之中。筹资活动现金流量净额为负，说明公司在还钱或者分红。公司靠着主营业务赚的钱支持扩张同时还债或进行分红。

参 考 文 献

[1] 中华人民共和国财政部．企业会计准则[M]．上海：立信会计出版社，2023.

[2] 中华人民共和国财政部．企业会计准则应用指南[M]．上海：立信会计出版社，2022.

[3] 韩坤珏．电商会计从入门到精通[M]．北京：电子工业出版社，2021.

[4] 张新民．从报表看企业：数字背后的秘密[M]．北京：中国人民大学出版社，2021.